W0301123

# «Madeleines»

Enrico Brizzi

# L'arte di stare al mondo

MONDADORI

*A Maia, cuoca di belle speranze*

© 2013 Mondadori Electa S.p.A., Milano
Mondadori Libri Illustrati
Tutti i diritti riservati
Prima edizione: aprile 2013

www.librimondadori.it

*A tævla e a lèt, a i vôl dal rispèt*
Proverbio emiliano

*Questa terra è la mia terra*

# C'era una volta una Repubblica

C'ERA una volta una Repubblica democratica fondata sul lavoro, e in quella Repubblica si trovava una città – né la più grande, né la più piccola – famosa per la sua università, la buona cucina e la saggia gestione della cosa pubblica.

La città aveva nome Bologna e contava mezzo milione di anime, fra lavoratori di provata fede democratica e loro familiari; il suo santo protettore era Petronio, il partito-guida il PCI e il sindaco si chiamava Zangheri.

Ovunque si citasse la nostra città, fioriva un sorriso al ricordo di soggiorni piacevoli, grandi mangiate o, semplicemente, della dolce giovinezza. Anche gli uomini che avevano fatto la naja a Bologna ne parlavano sempre con piacere, lasciando intendere che si erano assaporati fino in fondo i vent'anni. Lo sapevano persino gli americani, che a Bologna si viveva bene, e per questo i ricconi della costa Est continuavano a spedire i loro rampolli alle filiali cittadine della Brown e della Johns Hopkins; a completare il variopinto quadro del passeggio in piazza Verdi, cuore della zona universitaria, non mancavano spagnoli, tedeschi, greci, magrebini, ebrei d'Israele ed esuli delle dittature sudamericane, cugini meno celebri degli Inti Illimani.

Il costante afflusso di studenti e studentesse rendeva vivace via Zamboni e il reticolo di strade medievali compreso fra le Due Torri, porta San Vitale e porta Mascarella; nel '77 anche *troppo* vivace, almeno per gli standard di una famiglia con un bimbo. Non risulta comodo, infatti, organizzare passeggiate fra cortei di autonomi e falangi di celerini nervosi.

In compenso, da quelle parti, le scritte murali offrivano facile terreno d'esercizio per aspiranti lettori. Le vele dei portici e i muri in mattone del XIII secolo facevano da sfondo a pittogrammi dal sapore preistorico: disegni del fulmine attraverso un cerchio e altri ancora, con una rudimentale lettera "A" che debordava da una circonferenza, erano infatti accompagnati da messaggi in stampato maiuscolo. "Pagherete caro, pagherete tutto" fu uno dei primi che gli adulti mi aiutarono a compitare. Per lungo tempo attribuii la scritta ai negozianti della via, che con quelle parole si rivolgevano ai manifestanti, minacciando querele per le vetrine in frantumi, o fors'anche vendette più spicce, a base di sberle e sculacciate.

Appurato che nessuna manifestazione avrebbe turbato l'ordine pubblico, ci si poteva dirigere, per mano a nonna Adele, verso il portico che costeggiava la strada maestra: dicevano che fosse il più lungo del mondo e, in effetti, a forza di soste dal lattaio e al forno Neri, percorrerlo sino in fondo si rivelava un'esperienza tutt'altro che breve. Giunti all'arco Bonaccorsi il riparo del portico terminava, e con lui anche la mia idea di quartiere: adesso toccava traversare il circuito dei viali senza più un riparo sulla testa, facendo attenzione che nessun pirata della strada minacciasse il passaggio pedonale. Si giungeva, all'altro capo dell'attraversamento, al cospetto del cassero di porta Saragozza, vegliato da due leoni gemelli in pietra: l'edificio, sacro dai tempi antichi alla Madonna di San Luca, era divenuto, per sacrilega scelta della Giunta, sede degli attivisti omosessuali («Mai entrare lì dentro», nonna m'indicava il portoncino del locale. «Neanche se ti offrono delle caramelle», ma sarei cresciuto nel quartiere senza che me ne offrissero mai).

Si riprendeva a camminare al coperto lungo il tratto di via Saragozza compreso all'interno delle vecchie mura, per una sparata che ti conduceva a traversare via Santa Caterina, via Nosadella, via Senzanome e via del Fossato; all'altezza della scuola per ragionieri il portico s'interrompeva nuovamente, e allora appariva a chiudere l'orizzonte l'alta cinta in mattoni del Collegio di Spagna, dove nobili giovanotti iberici trascorrevano il loro periodo di studio all'Alma Mater. Se ne costeggiava il muro secolare invaso d'edera sino alla chiesa di San Paolo, e a quel punto si era sbucati, al di là di ogni dubbio, in centro: il passeggio elegante di via d'Azeglio, la poderosa basilica di San Petronio e piazza Maggiore erano a un tiro di voce, e già sapevo che avrei trovato sul "crescentone" i venditori di palloncini a forma di coniglio e i crocchi di *umarèll*, sfaccendati di mezz'età, intenti a berciare in dialetto di politica, dell'ultima partita del Bologna o di un qualsiasi evento che riempisse la loro giornata.

Erano lavoratori democratici in pensione, uno status che pareva raggiungibile solo dagli uomini: le donne, anche se vedove e anziane, continuavano a spignattare, pulire la casa e frequentare il mercato coperto, proprio come facevamo noi. Nonna era stata una ragazza molto bella ed era ancora relativamente giovane, almeno quanto bastava perché un macellaio galante potesse domandarle se per caso era mia madre. Fra i banchi del mercato si incrociavano certe cariatidi storte e rugose, con certi peli in faccia da farti accapponare la pelle: guai a sbagliare nonna nella calca e ritrovarsi per mano a loro!

Che la donna fosse condannata a "brigare" per sempre, sembrava nell'ordine delle cose. Non venivano forse allenate le cugine, dopo pranzo, a spazzare mentre io me ne stavo in panciolle? Un giovane maschio, però, poteva sempre dare una mano.

Ero inoltre orgoglioso di uscire con qualche trofeo dalla bolgia di banchi carichi d'ogni ben di Dio, urti accidentali e frenetici scambi in dialetto: talvolta mi pesava nella destra un sacchetto da un paio d'etti, che racchiudeva il prosciutto o la bistecca di cavallo, prescritta da tutti i pediatri del circondario almeno una volta alla settimana; altre volte mi ritrovavo a brandire uno smisurato grissino o un boccone di crescente al prosciutto, omaggi di qualche commerciante gentile. Mi sembrava di fare la mia parte e, sgranocchiando e compitando scritte a spray, si ripercorreva la strada a ritroso, verso i confini rassicuranti del quartiere.

La casa di nonna era alta di soffitto, umbratile e poco più piccola del labirinto di Creta, ma nessun Minotauro ne infestava le stanze. Dove erano cresciuti mamma e i suoi cinque fratelli – Arminio, Athos, Alba, Alice e Andrea – ora viveva in pianta stabile solo la matriarca, vedova di nonno Umberto e chioccia d'una piccola tribù di nipoti.

Per mia fortuna, a differenza di tanti coetanei, nonna era perfettamente bilingue. Come certe anziane squaw che hanno avuto contatti con l'uomo bianco, parlava speditamente tanto il dialetto ancestrale quanto la lingua italiana e impiegava l'uno o l'altro idioma a seconda delle circostanze: discorreva in bolognese con la vicina del piano di sotto, per esempio, e al telefono con suo fratello, quando lo zio la chiamava per farle gli auguri di buon onomastico il giorno di San Giuseppe. L'italiano, invece, era riservato alle comunicazioni con i più giovani e i rappresentanti d'una qualsivoglia autorità, foss'anche l'azienda del gas.

Alcune aree della casa erano più adatte al vernacolo dei padri – indicatissimo per le vergognose attività che si svolgevano in gabinetto – altre invece all'italiano, mentre lo strategico crocevia della cucina, dominio favorito di nonna, poteva dirsi perfettamente bilingue: si parlava in dialetto quando venivano in visita zia Egle o tornava, carico di regali, don Ermanno, un cugino prete finito chissà come a fare il missionario nella già civile Pennsylvania. Allora era tutt'un fiorire di «Cum stèt?», «Csa vùt c't al degga!», «Vìn ban què, cinno!» e sospirosi «Oddìo me mama», una frase da pronunziare con l'aria di chi si raccomanda al Cielo per le debolezze dei mortali.

«Oddìo me mama» era una sorta di ritornello, in bocca a nonna: andava bene per commentare l'annuncio della dipartita d'un vecchio fattore conosciuto mezzo secolo prima, così come per accogliere la notizia che all'asilo ci avevano servito l'odiata zuppa di verdura.

«Oddìo me mama» si prestava a ogni timbro situazionale: gridato, poteva servire ad allontanare il nipotino dalle prese della corrente con le quali si era messo a giocare; più in generale, quelle parole accompagnavano il sorgere d'una meraviglia inattesa, gradita come un regalo o, al contrario, minacciosa al massimo grado. Non dubitavo che nonna, se avesse visto spuntare in cucina un branco di lupi, avrebbe esclamato esattamente quelle sillabe.

Non erano, comunque, le uniche invocazioni in dialetto che mi sentissi rivolgere dalla matriarca: «Fèr brisa l'èsen» era un fermo invito a comportarmi bene, a differenza dell'asino, ritenuto il più testardo degli animali. Esso tornava a venire evocato in tono più grave se non la smettevo di fare il birichino: «Alaura? Et finè, sumarnàz?».

A quel punto era meglio rientrare nei ranghi, altrimenti al *birichèin* sarebbe arrivato un sonoro *smataflone*.

Il dialetto, però, serviva anche per le manifestazioni d'affetto più sentite, per esprimere sconfinata ammirazione («S'l'era brèv a zughèr, Bulgarelli!») e, insieme all'italiano standard e al latino, componeva la triade delle lingue sacre. Era infatti possibile, e tutt'altro che infrequente per nonna, pregare in dialetto come aveva imparato a fare da piccola.

Il sabato sera dormivo da lei, e non avrei trovato l'aramaico più indicato per la preghiera della buonanotte, né la lingua d'Oc più dolce alle mie orecchie: «A lèt, a lèt, a voj andèr. Tot i sant a voj ciamèr. Trì da co, e trì da pi, tot i sant i en mi fradì». Era una cantilena potente, che ti dava agio d'immaginare una mezza dozzina di santi del paradiso scendere in terra per piazzarsi intorno al tuo lettino, tre dalla parte della testa e tre dai piedi. Ma i miracoli erano appena cominciati. «Al Sgnaur l'è al mi ban peder, la Madona bona meder, San Zvàn al mi ban paraint». Anche loro, rimasti lassù fra le nubi d'oro, mi guardavano con amore. Adesso ero davvero pronto per chiudere gli occhi. «A spèr d'andèr a lèt sicuramaint. Sicuramaint a j andarò». Versi ridondanti: ero già fra le coltri, tutelato da una presenza amorevole, e attendevo solo il gran finale, la garanzia d'un sonno tranquillo: «Gnent ed brott a m'sugnarò».

Adesso bastavano una carezza di nonna sui capelli e un ultimo bacio sulla fronte, quindi si poteva spegnere la luce senza timori.

Al ritorno dalla spesa, non ci si sentiva a casa finché non si era arrivati in cucina: allora nonna divideva le provviste necessarie per il pranzo da quelle destinate allo stivaggio e, considerando allarmata che erano già le undici passate, si affrettava ad accendere i fornelli. Qualcosa di gustoso e abbondante sarebbe nato dalle sue mani nel giro di un'ora scarsa, e io potevo prendermi l'agio di esplorare le stanze del grande appartamento a labirinto, nel quale mia madre era cresciuta insieme a cinque fratelli: sembravano pochi solo a babbo che, per conto suo, ne aveva uno in più.

Ero affascinato in modo particolare dalle librerie dei miei zii, che affiancavano inaccessibili testi di patologia medica a murate di "Linus", "Corto Maltese" e riviste di fotografie piene di donne nude. A quell'età, però, mi affascinava di più l'Atlante del Mondo, con le sue mappe variopinte e la garanzia di completezza delle sue informazioni: la città che avevamo appena traversato a piedi vi appariva non più vistosa d'una macchiolina nell'estensione del territorio regionale e, mentre saliva nell'aria odore di sugo, potevo bearmi a studiare città e contrade che un giorno, si poteva starne certi, avrei visitato nei panni di uomo adulto, libero di andare e venire a piacimento.

Le terre che circondavano la città si dividevano agevolmente in Emilia e Romagna: la Terra della Piada, fantasmagorica e ribalda, si stendeva fuori porta Maggiore nella direzione dell'alba, e conosceva il suo argine solo sulle spiagge della Riviera Adriatica, mentre l'Emilia era la concretissima Terra del Pane, sulla quale il sole andava a tramontare, oltre porta San Felice, in direzione di Modena, Reggio e Parma, dove le crescentine erano chiamate "gnocco fritto", e si beveva il vino nelle tazze. Quanto agli abitanti del capoluogo, consideravano se stessi i più meridionali fra gli emiliani, ed erano anzi pignoli nell'informare i forestieri che "la Romagna comincia più giù, a Imola".

Nonostante le differenze dialettali e nella panificazione, ci si percepiva come una regione fortunata: grano, frutta e ortaggi abbondavano dal Piacentino alle immediate vicinanze del litorale, ma quella cornucopia sarebbe apparsa poca cosa senza la rassicurante presenza di sua maestà il Maiale.

Gli allevamenti di suini e l'antica sapienza norcina garantivano per tutto l'arco dell'anno prosciutto di coscia, culatello, gambuccio, mortadella, salami d'ogni forma, coppa d'estate e coppa invernale, pancetta, salsiccia e ciccioli oltre, naturalmente, a una quantità di lardo bastevole per impastare sino alla fine dei tempi gnocchi fritti, tigelle, crescenti e focacce che, preparati in casa o comprati al forno di fiducia, costituivano la base delle merende giovanili.

Bastava voltare pagina dell'atlante, però, per rendersi conto che l'Italia era molto più grande di così, e abitata dalle genti più diverse.

Su ognuna di quelle comunità, benché non ne conoscessi alcun esponente, mi ero fatto un'idea.

A Meridione, oltre le rampe d'Appennino sulle quali erano vissuti i miei avi mangiatori di castagne, viveva il popolo dei toscani: li si riteneva supponenti e cucinavano zuppe spaventose, ma erano anche loro compagni del PCI, quindi bisognava andarci d'accordo. A Nord, invece, oltre la Bassa e il letto del Po, erano stanziate le moltitudini dei lombardi: avevano un dialetto cugino dell'emiliano, ma i provinciali erano mangiatori di verze e formaggi puzzolenti, mentre i milanesi di città si diceva che non mangiassero punto, nutrendosi solo di aperitivi moderatamente alcolici; come i loro vicini piemontesi, poi, sembrava che i lombardi preferissero il riso e la polenta alla pasta all'uovo, biondo fondamento della civiltà emiliana. Quanto agli abitanti del Veneto, che avevano casa oltre le inospitali terre del Delta, li si guardava come i più stravaganti di tutti, in quanto mangiatori di radicchio e baccalà, bevitori smodati e, almeno nel caso dei vicentini, divoratori di gatti.

Li compativo, i poverini nati lontano dalla casa di nonna Adele: dove stavano loro, così lontano dal centro del mondo, forse saliva una zaffa di stoccafisso o un rustico aroma di zuppa di cavoli, non certo il profumino di ragù che andava riempiendo le stanze dell'appartamento a labirinto, e mi sarei sbalordito se mi avessero raccontato che, un giorno, avrei traversato tutta l'Italia a piedi, dalle valli innevate dell'Alto Adige alle infuocate piantagioni di pomodoro della provincia di Siracusa, e ovunque – davanti a una scodella di canederli come agli involtini di pesce spada alla menta – mi sarei sentito a casa come fra quelle mura.

# Le salsicce della Grande guerra

SUL diario di terza elementare era presente una pagina speciale, strutturata a mo' di questionario. Le sfilze di puntini dimostravano come ci si attendesse che lo scolaro fornisse per iscritto risposte sintetiche a domande come "Quale cartone animato preferisci?" e "Qual è il tuo calciatore preferito?".

Scrivere "Goldrake" e "Paolo Rossi" non era difficile, ma gli ultimi interrogativi della sfilza avevano a che fare con i nostri gusti alimentari, e ricordo che mi trovai in difficoltà.

"Qual è il tuo piatto preferito?" e "Quale piatto, invece, detesti?" non sembravano domande come le altre. Se avessi saputo spiegarlo, avrei protestato che coinvolgevano una sfera più intima del mio essere e che nessuno doveva sentirsi obbligato a scrivere in due parole che cosa gli piaceva o non piaceva mangiare.

"Qual è il tuo piatto preferito?" era una domanda personale, inopportuna da parte di un diario scolastico, alla stregua di "Chi ti piace di più fra le tue compagne?" o "Vuoi davvero bene a Gesù?". Il problema principale, tuttavia, non aveva a che fare con la curiosità del diario, ma con la sua ottusa pretesa che potessi rispondergli in così poco spazio.

Il cibo era qualcosa di sacro, come i sentimenti e la religione, e trovai che quel genere di questionario fosse concepito per bambini diversi da me, minorenni privi di radici e di scrupoli, disposti a scrivere senza un rimpianto che il loro piatto favorito era la carne Simmenthal o il tonno che si taglia con un grissino.

In ogni caso, se era sincerità che il diario voleva da me, lo avrei accontentato: voltai pagina e, sulla nuova facciata intonsa, tracciai a Bic una sbilenca linea verticale, in grado di dividere lo spazio più o meno a metà.

Scrissi sulla colonna di sinistra "Piatti che mi piacciono", a destra "Piatti che mi fanno schifo", tirai il fiato e mi disposi a elencare le delizie. Al posto d'onore, a grandi lettere in maiuscolo elencai "uccellini scappati", il nome familiare degli involtini fritti, farciti di carne, prosciutto e formaggio, che mamma preparava per il mio compleanno. Seguivano: tortellini, tortelloni, ravioli, gnocchi al ragù, lasagne, cannelloni, spaghetti alla carbonara, bucatini *alla matriciana*, zuppa imperiale, polpette ai piselli, cotoletta, svizzera di vitello, patate fritte oppure al forno, uovo sodo, uovo fritto, uovo Kinder, *vafer,* torta di riso e *corn fleics*.

A riconsiderarli, non erano pochi alimenti, ma decisi, in un impeto di salutismo, di aggiungere l'uva moscato e i fagioli *bortolotti*, che ritenevo chiamarsi così in omaggio al cognome del droghiere di zona.

Adesso potevo spostarmi a destra del confine e divertirmi a elencare tutto quel che non mi piaceva; già pregustavo una sensazione liberatoria all'idea di compilare una lunghissima lista nera.

Scrissi tutto, dalla bistecca di cavallo ai temuti broccoli, dal riso acquoso di zia Egle ai tortelli di zucca, un cavallo di battaglia della cucina campagnola che, all'epoca, trovavo ributtante. Non dimenticai di vergare a chiare lettere l'empio nome degli spinaci, e così pure quello del cinghiale: dopo averlo gustato insieme ai miei genitori in una trattoria dell'Appennino, trovandolo piccante e guarnito di pallini da caccia, lo consideravo il fratello quadrupede di Satana.

Quand'ebbi finito di compilare il mio elenco, andai fiero da mio padre per mostrarglielo.

«Dimentichi qualcosa!», esclamò babbo quando l'ebbe scorso rapidamente. «Non hai scritto le rane!».

Non le avevo mai mangiate, ma potevo supporre che fossero destinate alla colonna delle schifezze.

Babbo, invece, spiegò che la carne bianchissima di quelle creature gracidanti era d'una bontà sopraffina, e io mi feci l'idea che volesse prendermi in giro. Come si vedrà, non andavo lontano dal vero.

«Una volta dovresti provarle», m'incoraggiò. «Non tutti gli animali brutti hanno una carne cattiva».

Se dovevo basarmi sul cinghiale, era difficile credergli. «Non le mangerò mai, le rane», garantii. «Mi fa schifo solo pensarci».

«Ti fidi troppo delle apparenze», mi liquidò mio padre. «Un giorno vedrai che non sono affatto male».

Non doveva essere passato un mese, che ci trovammo insieme a mamma e a una dozzina di parenti in una chiassosa trattoria di campagna. Avevo appena

finito di spolpare la mia piccola coscia di pollo, quando babbo domandò con una strizzata d'occhio: «Allora? Com'era?».
«Buono», assicurai.
«Visto?», replicò, e notai che Nestore, l'unico tra i suoi fratelli a non avere preso moglie, si lisciava i baffi per nascondere un sorriso sospetto.
«Visto cosa?», domandai, preoccupato.
«Non tutti gli animali brutti, come ti dissi, hanno una carne cattiva».
Dovevo essere stato gabbato, ma ancora non capivo come.
«Hai appena mangiato una rana, amore mio». Mamma confermò i miei sospetti più orribili. Mi sorrise in tono di scusa, e chiese senza troppa convinzione: «Non era male, vero?».
Ero arrivato a scambiarla per pollo: sarebbe stato ridicolo sostenere che non mi era piaciuta, ma le risate degli uomini, adesso, mi facevano battere le tempie dalla rabbia, e scoppiai a piangere stizzito.
«Quante storie!», protestò babbo. «Ma forse piangi perché ne vuoi un'altra».
«Smettila!», gli gridai contro, anche se l'espressione che assunse mi consigliava di andarci piano con le alzate di capo.
«C'è rimasto male, poverino», mi consolava mamma, e zio Nestore raccontò che anche a lui, da ragazzo, avevano fatto mangiare le rane senza che ne avesse espresso il desiderio.
«Era una prova di coraggio per entrare in una società segreta», improvvisò da par suo. «Io, all'inizio,

avevo paura, ma poi mi sono accorto che non erano niente di terribile. Anzi».

«E ci sei poi entrato, nella società segreta?», indagai.

«Perbacco», rispose. «Tutta la vita, ci sono rimasto dentro. Mai sentito parlare della Carboneria?»

Al massimo conoscevo la carbonara, così gli domandai di cosa si trattasse. «Ci battevamo contro i tiranni e lo Straniero», proseguì lo zio, filologico.

«Forte», ammisi, provando a immaginare il costume di battaglia dell'organizzazione.

«Adesso che hai mangiato le rane, puoi batterti anche tu», assicurò.

Guardai trionfante i miei genitori: mi avevano ingannato per farmi mangiare un animale immondo, ma adesso ero della Carboneria ed era meglio che ci pensassero bene, prima di prendermi in giro un'altra volta.

Nonno Otello, il padre di babbo e zio Nestore, era un uomo robusto e vecchio come il secolo avviato a concludersi: era del 1901, il patriarca, e se pure lo trovavi immancabilmente seduto a capotavola, ormai impacciato dalla mole e dagli acciacchi, la sua verve sembrava inesauribile, e gli occhi grigi erano traversati da lampi d'eccitazione ogni volta che si scaldava per qualche argomento. Si capiva che, da ragazzo, aveva avuto l'argento vivo addosso.

La sua prima alzata di capo memorabile risaliva ai tempi della scuola: poteva essere il 1910 quando, condotto in gita scolastica sulle rive del torrente Savena, aveva ben pensato di non ubbidire al maestro, che si raccomandava di stare lontani dalle spallette del ponte, e anzi le aveva scavalcate, per tuffarsi in acqua sotto lo sguardo ammirato dei compagni. Ne aveva ricavato una sospensione da tutte le scuole del Regno, dalla quale era stato graziato solo dopo un paio di stagioni.

Né la pena, né la sua sospensione, va detto, avevano raffreddato l'ardore del suo spirito patriottico.

A sedici anni, appreso che gli austriaci avevano sfondato il fronte a Caporetto, Otello aveva lasciato un biglietto per i genitori, quindi era fuggito dal borgo natale di San Lazzaro per portarsi in treno verso le retrovie; nello zaino aveva una collana di salsicce che, insieme al maglione e alle mutande di ricambio, costituivano tutto il suo equipaggiamento di aspirante martire per la Patria. Le armi contava di riceverle una volta arruolato, ma non aveva fatto i conti con la burocrazia italiana: nel caos seguito alla disastrosa ritirata, si erano persi i registri di battaglioni e reggimenti, e i pochi ufficiali rimasti al proprio posto preferivano aspettare che arrivassero in rinforzo i giovani regolarmente precettati, piuttosto che rischiare qualche punizione arruolando di straforo un minorenne sconosciuto.

Mentre vagava alla ricerca d'un reparto disposto ad accoglierlo, il sedicenne in abiti civili era finalmente stato notato da un gruppo di alpini, di ritorno malconci dalla prima linea. «Dove vai, *bocia*?», gli avevano domandato. «Torna bene dalla mamma, ché qui non è lavoro per te».

L'avevano rispedito a casa, per fortuna sua e della numerosa progenie che avrebbe generato, ma prima di lasciarlo andare avevano voluto aprire il suo bagaglio: nonno era anche disposto a lasciare ai militari le mutande e il maglione, ma quelli si illuminarono in volto solo quando scoprirono le salsicce, e se le divisero sotto gli occhi del legittimo proprietario.

Quasi settant'anni più tardi, lontanissimo dal fango e dalle trincee del Bellunese, nonno raccontava la storia, ancora imporporato di stizza: apostrofava come "ladri" e "maledetti" quegli alpini che, riavviandolo a casa, gli avevano salvato la vita, e reclamava l'impossibile restituzione delle sue salsicce, delle quali sosteneva di ricordare benissimo consistenza e profumo. Dal suo punto di vista, insieme a una prelibatezza, gli avevano sottratto la possibilità di una giovinezza eroica – l'avrebbe sostituita con una non disprezzabile gioventù da dongiovanni di paese negli anni Venti – e doveva essere questa, ai suoi occhi, la colpa più grave delle Penne nere.

Quando era arrivata "l'altra guerra", infatti, ormai era un padre di famiglia troppo in là con gli anni per essere richiamato, e così era rimasto a lavorare all'ufficio postale di San Lazzaro. Non aveva storie di battaglie da raccontare a noi nipoti maschi, tutti appassionati di soldatini, film bellici e fumetti della serie *Supereroica*.

Dopo la mancata vestizione in grigioverde, nonno era tornato alla sua vita di provincia, dove si era distinto soprattutto come faro della vita da caffè, sciupafemmine e scapolo irriducibile. «Spuset bàn, Otello! Spùset!», gli raccomandava il curato ogniqualvolta se lo trovava di fronte.

Il dandy Otello, invece, non ci pensava affatto: preferiva le mangiate pantagrueliche con gli amici, le riviste a teatro e le corse in motocicletta con una fidanzata sempre diversa seduta alle spalle e, quando la signorina di turno osava insistere per un fidanzamento ufficiale, nonno capiva che era tempo di scaricarla, in senso letterale: fermava la moto e invitava la giovane a scendere, prima di rombare via, alla volta di nuove avventure.

Solo la maestrina del paese, minuta ma dotata di un carattere di ferro, l'aveva messo in regola senza lasciarsi spaventare dalla sua fama: si erano sposati al tramonto degli anni Trenta e, nonostante la situazione internazionale invitasse alla cautela, insieme avevano concepito sette figli.

Nonna Gemma aveva fatto in tempo a mettere al mondo Giuliana e Brenno prima che avesse inizio la Seconda guerra mondiale; Nestore e Doris erano rispettivamente del '41 e del '43, mentre mio padre era stato registrato all'anagrafe al tramonto della Repubblica di Salò. La famiglia aveva continuato a crescere in tempo di pace: zio Walter era arrivato nei giorni del referendum, seguito dopo diciotto mesi da zia Lucia, l'unica a essere nata sotto la Repubblica.

Alla loro mensa, nella casa patriarcale sotto i portici del centro, si mangiavano spesso i passatelli in brodo e il bollito con le mostarde, e ci stava che la porzione da mezzo chilo di zuppa inglese servita da nonna come dolce risultasse un po' eccessiva.

Anche lì, però, guai a lasciarne un grammo, ché oggi regna l'abbondanza, ma domani potrebbero sempre tornare le selvagge orde d'armati stranieri a requisire il bestiame, violentare le donne e deportare gli uomini, così è meglio riempirsi la pancia finché si può stare allegri.

Una volta che sedevo alla sua destra, nonno Otello mi riprese poiché avevo posato la mia pagnotta sottosopra. «A tævla e a lèt, a i vôl dal rispèt», borbottò, mentre un'ombra gli passava sul volto. «Il pane non si mette mai a testa in giù. Lo sai perché?». Mica lo sapevo.

«In ricordo dell'ultima cena di Nostro Signore», spiegò. «Pregandolo, gli domandiamo il pane quotidiano e, dal momento che ha la bontà di darcelo, bisogna trattarlo bene».

Nessun altro cibo godeva dello stesso prestigio a eccezione del sale, che andava maneggiato con mille cure pena lo scatenarsi di antiche maledizioni, e poteri particolari erano attributi anche all'olio, tanto a "quello buono di Brisighella" come all'altro, appena spillato dalla latta verde della Sasso.

Il vino, invece, meritava un discorso a parte: se ogni uomo doveva finire il vino che si ritrovava nel bicchiere, non era solo in ricordo del sangue di Gesù, che pure sarebbe apparso un motivo bastevole. La faccenda, in questo caso, si arricchiva di un côté sociologico: il giovane maschio andava gradualmente abituato al vino fra le mura di casa, affinché non si rendesse ridicolo quando si fosse trovato a bere fuori.

Un uomo che non regge l'alcol, infatti, sembrava quanto di più disdicevole si potesse avere in famiglia: chi si ubriaca facilmente parla a vanvera. Spiffera segreti. E, da ultimo, si comporta in maniera da farsi ridere dietro. Tutto il contrario delle doti richieste a un maschio, perlomeno secondo nonno Otello: a sentir lui, per farsi strada nel mondo, bisognava guadagnarsi fama di galantuomini, avere buoni amici, coltivare la resistenza fisica e, soprattutto, non perdere la fiducia nel fatto che domani sarà una giornata fantastica.

«Fra *cinnazzi* si rispetta il più forte», era la sua teoria. «Quando gli uomini maturano, invece, tendono a seguire chi non si perde mai d'animo».

Sta di fatto che, non appena mi sedevo alla sua destra, nonno Otello si premuniva di versarmi il vino nel bicchiere: un dito di sangiovese a otto anni, due a dieci, mezzo bicchiere a dodici e, da lì in avanti, avrebbe preso a riempirmi il bicchiere di vetro spesso, da osteria, sin quasi all'orlo.

Becchettando il vino, ascoltavo i suoi racconti di quando i ragazzini portavano i pantaloni alla zuava e correvano felici dietro a un cerchio di legno. Qualcosa rotolava anche dentro di me e, osservando le guance ruvide come grattugie del patriarca, provavo una sorta di vertigine: forse, un giorno, sarebbe finita per tutti la stagione delle scoperte e delle imprese, per lasciare spazio all'età adulta e alla possibilità di generare vita nuova.

Davvero sarebbe toccato anche a me, prima o poi, sedere a capotavola?

# Feste comandate

L'AUTUNNO era, a casa nostra, stagione di compleanni: i genetliaci si protendevano dall'ultima estate sino alla metà di novembre, allorché conoscevano il loro culmine (si festeggiavano in contemporanea zii e nipoti, suoceri e nuore) per poi arrestarsi, rispettosi, in vista delle "feste grosse", il periodo dell'anno reso unico dalla notte santa del Natale, e da quella, contagiosamente frenetica, di San Silvestro.

Ecco allora che, per i dieci anni del cuginetto Luigi, o i quaranta della zia Alma, ci si ritrovava tutti intorno alla stessa tavola o, meglio, intorno ai due tavoli dei Grandi e dei Piccoli. Talvolta l'appuntamento era fissato per il sabato sera, altre per la domenica a pranzo. In entrambi i casi, si poteva stare certi che ci sarebbe stato da mangiare più del dovuto: per combattere il diabolico convegno tra il freddo appenninico e l'umidità che promanava dalla pianura, non c'era niente di meglio che scaldarsi il cuore e riempirsi la pancia in compagnia dei propri cari.

Per meglio onorarli, gli ospiti andavano stesi con l'abbondanza della tavola: ecco perché si accoglievano i parenti in visita con una musica rassicurante che sorgeva dal giradischi – poteva essere *She Loves You*, dei Beatles, o l'Équipe 84 – ma, non appena quelli depositavano i cappotti, partiva ai loro danni il bombardamento degli antipasti volanti: bocconcini di crescente, tigelle al pesto di Modena, piccoli sformati di verdura e segni dei tempi come i gamberi con rucola e salsa rosa attaccavano da ogni lato, per intimidire zii e cugini prim'ancora che potessero sedersi. Solo allora potevano essere serviti polenta e arrosto, o tortellini e bollito, o ancora una gramigna alla salsiccia seguita da braciole, come nel pasto romanzesco d'un personaggio di Dickens al quale la fortuna sia appena tornata a sorridere. I dolci, al solito, coglievano un pubblico satollo e poco propenso a tuffarsi sulla "tenerina" al cioccolato e sulla torta di riso, che pure pian piano venivano consumate.

Dopo il necessario caffè, riscuoteva gran successo fra gli adulti il nocino artigianale. La sua preparazione era riservata alle donne e aveva un che di misterico, ma il fosco elisir non generava effetti magici: più semplicemente, aiutava gli adulti a dimenticare i sintomi dell'indigestione, e restituiva loro abbastanza soffio vitale da indurli a mescolare le carte. Scopa, scala e sbarazzino erano i giochi più in voga fra i bevitori di nocino, mentre noialtri giovanissimi eravamo condannati alla briscola, e al bicarbonato.

Verso metà dicembre, la sorda competizione fra le donne di casa prendeva una forma esplicita: chi avrebbe preparato i piatti festivi più golosi? E, in particolare, chi avrebbe confezionato a mano più tortellini? Nonna, zia Egle o zia Sonia?

Le due, entrambe nubili, erano dal nostro punto di vista prozie, del genere "prozie di campagna". Zia Egle, infatti, s'ostinava a stare a Baricella perché lì c'era l'orto, ultimo ricordo dei terreni di famiglia. Laggiù poteva vivere senza sottomettersi alla schiavitù delle scarpe: girava in ciabatte anche d'inverno e venire a Bologna, per lei, era da sempre un'occasione mondana e una piccola tortura.

Quanto a zia Sonia, anche se ormai da trent'anni abitava in via Lame, chiamava ancora la forchetta *furzeina*, e pregava esclusivamente in dialetto. Era chiacchierona, al contrario di Egle, che in compenso era una donna di spirito, parca di ciance ma in grado di sparare battute fulminanti.

A Sonia piaceva parlare del più e del meno, a Egle ascoltare quel che capitava in città. In teoria, sarebbero state fatte una per l'altra. Ogni tanto qualcuno suggeriva che avrebbero dovuto andare a vivere insieme per tenersi compagnia. Invece non le si vedeva andare d'accordo neppure la domenica: intorno al desco familiare allargato, finivano sempre per inscenare battibecchi, e quando si parlava di cucina non si scherzava mai.

Se Egle ci informava che avrebbe preparato sedici uova di tortellini, Sonia ne annunciava diciotto; e quando Sonia prometteva che avrebbe preparato le sue celebri polpette alla mortadella, Egle non perdeva l'occasione per rimarcare che la mortadella era già nel ripieno dei tortellini. Meglio il suo arrosto agli odori, per un cenone equilibrato.

Il guaio era che il cenone sarebbe stato lo stesso per tutti, ed era inevitabile che entrambe portassero i "loro" tortellini e i "loro" secondi piatti; allora, strette fra una ventina di parenti d'ogni età, non ti perdevano d'occhio un attimo: ti erano capitati nella scodella i tortellini della Sonia o quelli dell'Egle? Finiva per essere imbarazzante, soprattutto se confessavi di averli assaggiati entrambi. Allora non ti potevi più salvare dalla madre di tutte le domande (o forse la loro prozia): «Di' ben su, bello. E quali sono i più buoni?».

Ai pranzi di Natale degli anni Ottanta, quando c'erano in giro più bambini e gli alberi genealogici erano assai schematici rispetto a quelli di oggi, intorno al tavolo grande non sedevano che i nonni, i loro figli e i coniugi di questi. Al tavolo dei piccoli, la variopinta tribù dei cuginetti di sangue. Niente compagni, fidanzati, amici o seconde mogli: la coppia di fatto, nelle case di tradizione rustica e devota, non era ancora ammessa. Al massimo poteva risposarsi chi era rimasto vedovo (se però si parlava di una vedova, era meglio di no, ché "non stava bene").

Intorno al desco imbandito, di conseguenza, le fisionomie tendevano a somigliarsi come accade nei piccoli paesi, e il gioco dei rimandi era uno spettacolo inesauribile: fra una cucchiaiata di tortellini e la successiva potevi notare, per la prima volta dopo anni, che il naso a patata di zia Egle era identico a quello di zia Alice, sua nipote, e anche la cugina Erica, nonostante dormisse con una molletta da bucato a stringere le froge, sembrava avviata su quella strada.

Erano solo distrazioni dal tuo impegno quasi sacrale nella performance. Potevi fare i conti su un bis – non sapevi quanto abbondante, però ci sarebbe stato – ma anche questo era un aspetto accessorio. La prova la stavi già vivendo in diretta, ignorando le chiacchiere della tavolata: la prima scodella di tortellini natalizi, infatti, andava assaporata in maniera speciale, con la dedizione dell'atleta giovane e la sensibilità degli antichi aruspici, pronti a leggere con esattezza ogni presagio. Bisognava essere onesti, nel giudicare i tortellini, se un giorno si voleva essere trattati da uomini. Così ogni cura veniva riposta, in primo luogo, nel saggiare con la prima cucchiaiata aroma, corpo e tenore salino del brodo: solo gli "under 6" e i selvaggi pagani, infatti, potevano essere ammessi al rituale alternativo dei tortellini con la panna (per non dire dello sbigottimento che si sarebbe provato se qualcuno, trasformatosi per qualche sortilegio in turista inglese, avesse preteso di unire tortellini e ragù. Allora, se ne poteva stare certi, zia Egle e zia Sonia sarebbero insorte all'unisono invocando lari e penati, più alterate di fondamentalisti del Levante ai quali si proponga un pranzo impuro).

Vista la ricchezza delle carni bollite e la qualità degli ortaggi, l'unica vera minaccia sulla strada del brodo perfetto era costituita dal problema-sale: ad andarci cauti, veniva insipido; bastava esagerare di poco, però, perché saltasse fuori troppo saporito, annegando il gusto del ripieno. Al pranzo di Natale, sarebbe stato un disastro: era infatti, il ripieno, il cuore della faccenda. Racchiudeva la promessa d'una vita felice, ricolma d'abbondanza, e insieme era l'oracolo stesso; bisogna saperli inquadrare al volo, i tortellini, per leggerli e interpretarli nel loro complesso di "prima scodella natalizia".

Solo dopo l'ultima cucchiaiata di brodo, a tre minuti netti dall'inizio della prova, si poteva tornare a respirare normalmente, e trarre le proprie conclusioni.

Per celebrare la fine dell'anno vecchio, e salutare in maniera degna il suo successore, ci si riuniva a casa degli zii Athos e Wanda: convenivano nella loro grande casa di via delle Rose parenti da tutta la provincia, fratelli dei miei genitori emigrati a Milano e altri in Toscana, tanto che il pianterreno della villetta bastava appena a contenere gli invitati.

Noi giovanissimi si era particolarmente esaltati, un po' per la possibilità di restare alzati sino a tardi, e un po' perché sapevamo che, esauriti i rituali della tavola, zio Athos avrebbe calato per noi la scaletta pieghevole che dava accesso al piano superiore: era, quello, il suo regno personale, dove conservava i ricordi dei lunghi soggiorni di lavoro nell'Africa Nera. Suo figlio Luigi aveva cinque anni più di me, e si godeva appieno il ruolo di anfitrione in quella galleria di meraviglie: era contento di lasciar toccare ai cuginetti gli scudi Masai e le aste delle lance appese al muro in forma di croce di Sant'Andrea. Illustrava come una guida turistica le rastrelliere di machete che suo padre aveva impiegato nella foresta del Congo, e ti lasciava provare volentieri il suo casco coloniale in sughero; bastava calarselo in testa per sentirsi ebbri di avventura, e si faceva la fila per provare a turno il magico copricapo.

Erano notevoli anche le tagliole per i leoni, ma il laico tabernacolo dell'ambiente era costituito da una vetrinetta in mogano, illuminata dall'interno, che custodiva i fucili dello zio: erano tre, allineati in verticale, due col mirino di precisione e il terzo spoglio di tutto, ma dotato di una canna talmente grossa che lo faceva apparire simile a un trombone da brigante. Era l'arma per abbattere gli elefanti, e i proiettili in mostra non lasciavano dubbi sul suo calibro portentoso.

Oggi ci fa orrore l'idea di braccare un animale che se ne va a zonzo per conto proprio; a sette anni, invece, mentre i vetri tremavano per l'eco dei botti e il cielo notturno si riempiva di girandole, bengala e fontane luminose, era tutto diverso: valutavo seriamente di guadagnarmi da vivere insieme a mio cugino, commerciando avorio lungo i fiumi del Continente Nero, e riusciva a farmi sentire in colpa solo il piano di riserva che Luigi aveva ordito.

«Se poi di bestie non se ne trovano», aveva suggerito una volta, accennando ai fucili, «possiamo sempre catturare dei selvaggi, e venderli come schiavi ai mercanti della costa».

«Ma non è una bella cosa», mi ero timidamente opposto.

«Senso degli affari sotto zero», mi aveva liquidato. «Quando andrò in giro in portantina coi servi che mi fanno vento, e tu sarai solo un poveretto, non venire a mendicare pietà».

«Ma perché, Luigi? Cacciamo insieme gli elefanti, invece!».

Mio cugino allora aveva riso con malevolenza, mi aveva chiamato *sfighé* e aveva decretato che sarebbe diventato ricchissimo solo lui.

Per come sono andate le cose in seguito, devo ammettere che la sua previsione si sarebbe rivelata esatta: pur senza diventare, tecnicamente, un negriero, ancora oggi Luigi sfrutta con gioia il lavoro d'una mezza dozzina di collaboratori sottopagati. Quanto a lui, sostiene di sgobbare ogni giorno che Dio manda in terra, ma in realtà si sveglia alle dieci, va in palestra a guardare le ragazze, e non entra in ufficio prima di mezzodì. Dice che gli italiani sono un popolo di coglioni e, forse per questo, è orgoglioso di scorrazzare a bordo d'una Porsche a campiture mimetiche targata San Marino. Ci sono persone peggiori di lui a zonzo per le nostre strade ma, personalmente, gli volevo più bene quand'eravamo piccoli.

# Non fate come me

ANDARE in centro, per i cinni della prima periferia, comportava una piccola gita; se poi veniva compiuto a piedi, il pellegrinaggio verso piazza Maggiore ben valeva un piccolo premio sotto forma di merenda. Perché in centro sì che facevano delle merende speciali! Mica come da noi, a casa, che mangiavamo pane, burro e marmellata. O la solita crescente coi ciccioli preparata a chili e tenuta nel congelatore per ogni evenienza (quanto l'avremmo rimpianta, una volta capito che non tutti la sanno fare tra le mura domestiche, e noi per primi).

In centro, invece, si potevano mangiare gelati superlativi. A sei anni, in ogni caso, eravamo pronti a giurare che fra le mura della vecchia Bologna sorgevano le migliori gelaterie del mondo, locali che ci compiacevamo di frequentare da marzo a novembre.

Nei mesi dell'inverno, però, nemmeno dei gelatomani come noi avrebbero provato piacere a ordinare una focaccia alla crema, così le nostre attenzioni si spostavano sul bar Lazzarini, tempio – compianto e mai dimenticato – di arancini di riso e mozzarelle in carrozza. Il nume tutelare del luogo non poteva che essere Giano bifronte. Lazzarini, infatti, aveva due ingressi, due piani, due volti: quello del pubblico perbene delle famiglie, il pomeriggio, mentre al mattino potevi incrociarvi le facce dei birichini che avevano "fatto fuga" da una qualsiasi scuola della città. Tale era la fama del luogo che, fra i dodici e i quindici anni, sarebbe stato ritenuto adattissimo per gli appuntamenti galanti, o i loro primi simulacri. E con tanta forza si è scolpito il suo odore nella memoria collettiva, che ancor oggi capita di meravigliarsi, nello scendere per le vie del Quadrilatero, di non percepire più l'aroma grasso delle crescentine.

Il cuore della città, per noi, era prima d'ogni altra cosa il luogo dove si poteva trovare ogni delizia, e mangiarne a crepapelle.

Poi la pubblicità confuse le acque e, per qualche tempo, il gelato artigianale ci parve fuori moda, destinato a sparire nel dimenticatoio, incapace com'era di tener testa alla robusta carica di aromi chimici e coloranti dei prodotti industriali.

Ai primi tepori di aprile facevano la loro comparsa, fuori dai bar del quartiere, i nuovi tabelloni metallici dei gelati.

Noi minorenni li aspettavamo con un'ansia pari a quella dei gagà della Milano da bere per le nuove collezioni di Armani: l'apparizione dei tabelloni fiammanti, carichi di nuove proposte e superclassici, il cui prezzo era stato immancabilmente ritoccato rispetto all'annata precedente. Il rincaro sui gelati segnava, in maniera incontrovertibile, l'inizio della buona stagione, fatta di giochi in cortile e tornei scolastici, preludio al trionfo completo delle vacanze estive.

Non tutte le marche dell'industria gelatiera nazionale, tuttavia, erano considerate prestigiose allo stesso modo: Algida, per esempio, era percepito come un marchio da adulti (ero ridotto ad adorare in segreto il Gran Rico all'amarena), e la Motta – una marca da panettoni! – ringiovanì ai nostri occhi solo lanciando Maxicono e Maxibon. La vera stella, dal nostro punto di vista, era un'altra, e si chiamava Eldorado. Noi minorenni eravamo il suo target ed Eldorado faceva di tutto per risultarci simpatica. Indimenticabili le pubblicità dei Gelosuccosi sui giornalini per l'infanzia, firmate da Jacovitti all'epoca in cui i ghiaccioli costavano ancora 150 lire e ognuno di loro nascondeva un "morbido segreto": il Dalek, capace di tingere la lingua del giovane consumatore come avesse lappato da un secchio di vernice viola, racchiudeva un "morbido segreto alla fragola in un freddo guscio al mirtillo", e altri golosi ripieni si celavano all'interno del Lemonissimo, del Fiordifragola e del filoimperialista Magic Cola.

Pur ebbri di zuccheri e ghiaccio colorato, ci rendevamo conto che a volte si esagerava: forse le mamme non avevano tutti i torti nel sostenere che i Gelosuccosi, o il fuoriclasse ghiacciolo Arcobaleno dovevano contenere una quantità di ingredienti non presenti in natura. Così provavano a dirottarci sul Cucciolone, un vero e proprio fenomeno di costume in quanto riportava – e riporta – sul biscotto esterno le battute meno divertenti della Storia, ma questo non ha nuociuto minimamente al suo successo e alla sua longevità (sospetto, anzi, che le battute venissero scelte apposta fra le più scarse, così da far sentire ognuno di noi uno spiritosone, al confronto). Per i fratelli più piccoli era a disposizione il Camillino, la versione junior, e persino gli adulti consideravano Eldorado una marca degna di fede: il cono Zaccaria, con ogni evidenza, era pensato per loro. Costava lo sproposito di 500 lire, pari alla banconota di taglio più piccolo allora in circolazione, e non sospettavamo che, ben presto, Eldorado avrebbe chiesto soldi di carta anche a noi, non accontentandosi più delle monete.

Doveva essere la primavera dell'83 o dell'84, quando apparve il Calippo, e la nostra vita non sarebbe più stata la stessa: in cambio di "mezzo sacco", adesso, ottenevi un oggetto inaudito, vagamente osceno ma allo stesso tempo assai pratico. Mai più macchie sulle magliette, crolli strutturali del ghiacciolo verso il piano stradale o mani appiccicose: l'essenza del Calippo era quella di essere inseparabile dal suo contenitore, un involucro allungato da premere nella parte bassa, affinché la cima del ghiacciolo fuoriuscisse e potesse venire consumata. C'erano anche le istruzioni stampate sopra, a mo' d'illustrazione, e questo cilindro da manovrarsi a mano, su e giù, faceva tanto ridere le ragazzine più maliziose. Noi, invece, che ancora eravamo ignari d'onanismo, e tanto più di petting, una volta raggranellato il necessario, ordinavamo il Calippo senza alcun imbarazzo, tanto nella versione al limone (o forse lime), quanto in quella all'arancia, deridendo i piccoletti che si lasciavano ammaliare dai ghiaccioli tridimensionali a forma di personaggi Disney: succhiare via la testa a Topolino ci sembrava poca roba, rispetto al prestigio che derivava da un ghiacciolo concepito apposta per camminare, e quindi farti vedere in giro, mentre lo mangiavi. Se avevi nove anni, con un Calippo in mano ne dimostravi almeno dodici, così eravamo pronti a giurargli eterna fedeltà (anche quando il prelibato tipo all'arancia uscì di produzione, rimpiazzato da un banale gusto cola); non avevamo calcolato, però, che non sempre i gelati crescono con noi. Anche oggi, infatti, ad andarsene a zonzo con un Calippo in mano si appare vagamente dodicenni, ma non sembra più una metamorfosi tanto desiderabile.

Tre marchi di bibite non mancavano mai nei bar: Coca-Cola, Fanta e Sprite, in qualche modo sorelle, mentre erano fuori dal giro la derelitta Pepsi e l'impronunciabile 7up, che spesso veniva ordinata come "Zup", tanto ci si capiva.

La sensazione era che, se volevi stare dalla parte di quelli "tròòòppo giusti", dovevi bere per forza la Coca. A me non ha mai fatto impazzire lo sciroppo di Atlanta, erede *sfighé* del leggendario Vino Mariani alla coca del Perù, che annoverava fra i suoi estimatori Émile Zola, Sarah Bernhardt e un paio di sommi pontefici.

No, la Coca proprio non mi stava simpatica. Così cercavo di accreditarmi nei circoli minorili ostentando, almeno alle festicciole di compleanno, una compiuta dipendenza dalla Fanta. La produzione scriveva in bella vista, sotto il logo, che la bibita conteneva il 12% di succo d'arancia, e ancora mi chiedo cosa si celasse nel residuo 88% della lattina (alla fine risultò che conteneva semplice acqua e salubri sostanze col nome composto da una E seguita da un numero a tre cifre).

È una vergogna ricordare come trovassimo deliziosa quella bibita festiva, al confronto delle quotidiane spremute d'arancia di Sicilia 100% che mamma ci faceva ingurgitare in tutta fretta, «perché a lasciarla all'aria le vitamine evaporano in pochi secondi». Delle vere spremute d'arancia, fitte di vitamine-a-tempo, non mi piaceva la difformità: a volte ci finiva dentro parecchia polpa scampata alla spremitura, altre volte solo una modica quantità, ma nascondeva intere pattuglie di semi. Senza contare che il colore poteva variare bizzarramente dal tulipano al rosso sanguigno, e questo non ci piaceva. Della Fanta ci rassicurava, al contrario, il fatto che una volta strappata la linguetta d'alluminio, questa avesse sempre il medesimo sapore, e anche la versione imbottigliata somigliava sempre a se stessa. Bastava evitare quella vecchia schifezza della versione alle arance amare, o le novità zuzzurellone come la Fanta al limone, e si stava tranquilli per sempre.

Come gli alcolisti, arrivai a bere da solo, di nascosto persino a me stesso. Paradossalmente, quella brutta dipendenza cessò proprio a causa della mia ingordigia: un pomeriggio, in vacanza fra i monti, i nostri genitori concessero a mio fratello e me qualche spicciolo da spendere al minimarket del paese. Lo gestiva una famiglia che conoscevamo da anni, e i nostri genitori consentirono a lasciarci entrare da soli. Loro dovevano sbrigare non so quale faccenda da dieci minuti all'ufficio postale, e ci intimarono brevemente di comportarci bene, non litigare, non urlare, non spingerci, non fare l'imitazione del cassiere balbuziente, non sprecare i soldi in porcherie, e qualche altra raccomandazione che ora non ricordo. Altrimenti ci sarebbe stata ritirata la merenda, imposto un compito di punizione, proibita la partita a minigolf e, se avessimo continuato sulla brutta strada, ben sapevo che per me si sarebbero spalancate le porte del collegio.

«Alzate la destra», ordinò babbo. «Giurate che vi comporterete bene».

Promesso che ci saremmo comportati in maniera esemplare, fummo sguinzagliati all'interno. Salutammo i gestori sorvegliando l'andatura, col miglior sorriso da bravi ragazzi del catechismo che ci venne in soccorso, quindi la nostra marcia riprese ritmo, per trasformarsi in corsa selvaggia non appena svoltammo fra le scansie. Sapevamo bene a cosa mirare, e il tempo a disposizione era poco.

Due bottiglie da un litro e mezzo della nostra bibita all'arancia preferita occhieggiavano attraverso la porta-vetrina del frigo in fondo al corridoio, evidenti a distanza come principesse di sangue fra le plebi di cole, gassose, toniche e cedrate.

«Quanto costa?», domandò mio fratello, la trepidazione nella voce.

«Ce n'è abbastanza per prenderne due bottiglie», lo informai. «Tre litri di Fanta! Ci sei?».

«Ma quando la mamma e il babbo ci vedono, non ce le lasceranno bere!», protestò quel bimbo nella sua bionda innocenza.

«Appunto!», dissi, spalancando lo sportello del frigo. «Dobbiamo essere più veloci di loro!».

«Ne vuoi bere una bottiglia a testa?», chiese, turbato, mentre afferravo la prima.

«Fai quel che vuoi, con la tua metà dei soldi», lo liquidai, lasciando che il frigo si richiudesse. «Io me la bevo al volo!».

Protestò qualcosa, ché gli stavo rovinando il piacere di scegliere, ma ancor prima di raggiungere la cassa me lo trovai a trottare di fianco con la sua bottiglia in braccio. «L'hai tu, il portamonete», fece notare.

Pagai, rifiutammo buste di plastica, salutammo con educazione, quindi uscimmo all'esterno come i tori per le vie di Pamplona, e ci fermammo solo una volta girato l'angolo della chiesa.

«Aprimela, presto!», implorò mio fratello, che ancora era troppo giovane per forzare quel genere di chiusure ermetiche. «Come faccio a berla tutta?», si disperava.

«Dài! Alla bersagliera!», lo incoraggiai, consegnando la bottiglia aperta. «Senza neanche prendere fiato!».

Tirai il collo anche alla mia e subito mi giunse alle nari quel friccicorio d'anidride carbonica, molecole di aromi artificiali e 12% d'arancia al quale non sapevo resistere.

"Bevimi!", ordinò la Fanta, ormai libera e padrona come il genio della lampada, e io non potei che attaccarmi alla bottiglia, reggendola a due mani e suggendo alla disperata, da legionario giunto all'oasi.

Era buonissima, come sempre, e finalmente ne avrei avuta a sazietà.

Bevevo e bevevo, e il mondo andava facendosi opaco, come si nascondesse per gioco dietro un vetro fumé sulle tonalità dell'arancione. Stavo provando effetti normalmente associati all'acido lisergico e ai rave party, e non avevo ancora raggiunto la metà del litro e mezzo a disposizione.

Vidi mio fratello, in una fantasmagoria di bolle giganti, che staccava il volto dalla sua bottiglia, mi fissava interdetto, e mandava nuove, gigantesche bolle dalla bocca spalancata. Poi riprendeva a bere.

Alcuni paesani di passaggio osservarono con un misto di sussiego e disgusto lo spettacolo di quei due giovani cittadini che s'ingozzavano peggio delle bestie, senza fermarsi a rifiatare, e indifferenti all'aranciata che colava loro giù per il collo. Essi, nella loro vetusta morale agricola, non sospettavano quale pena ci sarebbe toccata nel caso fossimo stati scoperti: come minimo, ci avrebbero sottratto le bottiglie, e in quel momento era un incubo più buio dei compiti di punizione e del collegio. Dovevamo finire la Fanta, a costo di stramazzare a due passi dal sagrato.

A un certo punto, nel mio paradiso di scorze volanti e festoni di bucce intagliate, avvertii il bisogno di respirare a fondo. Eppure non smisi: ormai mi ero intestardito a sapere cosa si prova nel bere una bottiglia tutta in una volta, e volevo dimostrare a mio fratello che si potevano raggiungere le più alte vette anche senza ossigeno.

Come i grandi scalatori degli Ottomila, anch'io cominciavo a sentirmi confuso e ad avvertire presenze delle quali non ero certo.

Non avevo mai letto Elliot, ma a un certo punto l'avrei domandato volentieri, al cadetto, chi era quella figura misteriosa della quale avvertivo la presenza al nostro fianco.

«Cosa state facendo, deficienti?», tuonò, da vicino, una voce del tutto simile a quella di nostro padre. Qualcuno aveva deciso d'interrompere la mia galoppata a perdifiato tra gli agrumeti e, mentre l'effetto arancionato si dissolveva in un baleno, compresi che mi avevano strappato il piacere di dosso: con ogni evidenza, stava per cominciare la parte pesante del viaggio.

«Scusa, babbo. Io volevo berne solo un po'», si stava già giustificando mio fratello, la bottiglia ancora piena per due terzi stretta al petto come un trofeo.

La mia ormai era vuota, ma il *pater familias* la reggeva a debita distanza dal corpo, come fosse un coniglio morto, e non sembrava disposto a lasciarmi la soddisfazione di tracannarla sino all'ultima goccia.

«Che schifezze insegni, a tuo fratello?», domandò, indignato. Alle sue spalle mamma scuoteva la testa e carezzava nervosamente il selciato con la suola zigrinata d'una Superga "Lea Pericoli", un modello adorno di frangette candide che, sul momento, pareva avere assunto vita autonoma.

Poiché non rispondevo, mio padre agitò la bottiglia che tanto avrei voluto indietro, diede un sospiro e chiese: «Cosa ti dice la zucca? Vuoi diventare obeso in ventiquattr'ore?».

«No», risposi in tono mesto. Avrei voluto argomentare meglio, spiegare che si trattava di un'eccezione, ma all'improvviso non mi sentivo troppo bene. «Forse ho bevuto troppo in fretta», ammisi, soffocando a malapena il capofila dei rutti. La cordata alle sue spalle sembrava di prim'ordine, e non ebbi altrettanto successo.

«Che schifo», osservò, sintetica e puntuale, mamma. «Ti sei riempito la pancia d'aria. Non potevi bere un litro di spremuta, invece?».

«Io voglio berla dopo cena», si uniformò mio fratello, ma non riuscii nemmeno a indignarmi per le sue parole di giovane collaborazionista. Una fitta alla bocca dello stomaco mi impediva momentaneamente di parlare. Poi divenne bruciore, infine la Cosa parve assumere per capriccio forma gassosa, compressa a un certo numero di atmosfere, e ritenni opportuno allontanarmi.

«Non stai bene?», m'inseguì la voce di mamma, mentre puntavo di buon passo l'aiuola più vicina.

Non stavo tanto bene, in effetti, e filai a nascondermi, come si presume facciano gli elefanti quando vanno a morire; nel mio caso dovetti accontentarmi del sipario d'una siepe, ma là dietro accadde di tutto, senza riguardo per il luogo pubblico, e a ripetizione.

L'unico a trovare il coraggio di aiutarmi, ché mi pulissi alla meno peggio prima di filare a casa, fu babbo. Mamma doveva essersi allontanata con mio fratello, eppure non dovevano essere lontani, perché ancora sentivo le risate di lui. Se continuava nei suoi tentativi d'insubordinazione, presto l'avrei dovuto condannare a un giro di chiglia.

«Ti sta bene come un vestito nuovo», osservò il

*pater familias*, porgendomi l'ennesimo fazzolettino di carta. «Non sei mica il nonno, che si mangiava ventiquattro uova di zuppa inglese, e alla fine chiedeva il cappuccino al posto del caffè».

Obiettivamente non ero il nonno, ma quel che gli invidiai, nel mesto epilogo di quella bevuta analcolica da capogiro, era la libertà di compiere la sua performance in santa pace, sostenuto anzi dagli urrà degli amici.

Fu la velocità che mancò, quel giorno, non certo il coraggio. A questo pensavo, accelerando il passo a fianco di mio padre, sperando di giungere a casa prima che si manifestasse una nuova crisi. Attribuivo il mio malessere all'interruzione forzata. Non si svegliano i sonnambuli, questo avrei voluto ricordare. Altrimenti va a finire che non bevono mai più la loro bibita preferita. Ma stavo troppo male per pronunziare moniti. Ciò che prima era esaltazione e colore, adesso si era trasformato in pesantezza e grigiume, angoscia, spleen ed esatto presentimento d'una vita intera lontano dalla Fanta.

Adesso che sono pulito da più di venticinque anni, credo di poter parlare di me ad alta voce come di una persona che è uscita dal tunnel. Se racconto questa storia oggi, è solo perché i più giovani non commettano gli stessi errori che ho commesso io: se i vostri genitori vi lasciano soli con il fratellino al minimarket, non fate come me.

# *Cucina da campo*

# Il patto del pane

FRA i Lupetti erano in vigore regole molto precise in materia d'alimentazione. La domenica, quando si partiva "in caccia", puntavamo qualche oscura località dell'Appennino Tosco-Emiliano dove mettere in scena le avventure più sfrenate: sotto la direzione dei Vecchi Lupi potevamo trasformarci per un giorno in banditi messicani, crociati o guerrieri achei, ma lo scenario prescelto non avrebbe cambiato d'una virgola l'impostazione del pranzo: i panini portati da casa sarebbero stati messi in comune, e poche storie se ti capitava una discutibile rosetta farcita di capperi, salsa tonnata e particole di stagnola.

Era una piccola lezione di stoicismo, quella che i Vecchi Lupi ci impartivano mentre sbocconcellavamo in cerchio lo spuntino preparato in casa d'altri: nella vita serve imparare a mangiare quasi tutto – se non la stagnola, almeno i capperi – sopportando di buon grado lo spettacolo sacrilego del sandwich al prosciutto confezionato dalla tua mamma che sparisce tra le fauci d'un giovane estraneo. Magari non il tuo migliore amico. Poteva anche finire, il tenero sandwich profumato di casa, a un bambino che ti stava cordialmente antipatico. Per ironia della sorte, persino al giovane *sgrazié* che aveva portato la rosetta capperi e stagnola.

Con le vacanze estive, poi, non si scherzava: tutto era perfettamente organizzato affinché i cambusieri ci facessero trovare in tavola colazione, pranzo, merenda e cena alle ore stabilite, ma non era ammessa la minima deroga all'imperativo di pulire il piatto.

Andava mangiato *tutto*, compresi i cetrioli e l'insalata rossa. I cambusieri, che erano ragazzi di cuore, ci andavano piano con gli alimenti meno graditi ai piccini, ma ogni tanto capitava che qualcuno si trovasse in crisi per un semplice contorno di carote, o – a sorpresa – perché detestava lo zabaione. Ma era facile ridere degli altri. Magari la sera successiva veniva servito il tacchino, e fin qui tutto bene, accompagnato dai broccoli. E allora, fissato con aria sarcastica da quei mostri, ti passava il buonumore in un istante. Bisognava trovare senza clamore un complice che si facesse carico della tua porzione, ma non sempre qualcuno dava la sua disponibilità. Allora serviva farsi forza, ignorare il messaggio che i broccoli trasmettevano al tuo cervello – malessere, malattia e rogna – per mandarli giù in fretta, accompagnando ogni boccone con un'esca di tacchino e mollica di pane. Una volta inghiottiti, i mostri andavano annegati con sorsate abbondanti d'acqua. Altrimenti, sapevi che ti saresti trovato lo stesso piatto di fronte al pasto successivo: guardare gli altri far colazione a caffellatte, biscotti e marmellata mentre dovevi sciropparti i broccoli lasciati a cena era un'ipotesi troppo orribile per essere presa in considerazione, così anche i più riottosi affrontavano prove sino a quell'estate ritenute insuperabili.

Un pomeriggio, quando ormai la grande casa isolata che ci ospitava, le rive del torrente e ogni avvallamento del prato ci erano divenuti familiari, i Vecchi Lupi ci misero al lavoro per fare il pane. Non si trattava, evidentemente, di un passatempo qualsiasi, ma della promessa dell'autosufficienza. Se potevamo farci il pane da soli, significava che eravamo in grado di resistere laggiù per molto tempo, prima di arrenderci e tornare al villaggio degli uomini. Tanto, l'acqua sapevamo bene da dove attingerla, e non dubitavamo che i Vecchi Lupi conoscessero abbastanza giochi e storie da riempire un giorno dopo l'altro, per chissà quanto tempo.

«Ma quanti giorni vogliono restare?», indagava qualcuno mentre, coperti di farina sino ai capelli, s'impastava intorno al grande tavolo della cucina. «I miei mi aspettano a casa domenica sera, con i bagagli già in macchina per andare a Rimini».

«Resteremo qui per sempre», lo schernì allora un lupo anziano. «Ci andranno senza di te, a Rimini, e adotteranno al tuo posto uno di quei bambini che si perdono fra gli ombrelloni».

Nell'estate fra la terza e la quarta elementare, quelle parole risuonavano spaventose: se pure i più grandi scherzavano, che ne sapevano loro che i Vecchi Lupi non avessero davvero in mente di trattenerci laggiù a tempo indeterminato?

Se eravamo stati banditi messicani e guerrieri achei, perché non potevamo essere una repubblica di bambini in Alta Romagna? Già intravedevo il nostro futuro, scamiciati protagonisti d'un *signore delle mosche* emiliano-romagnolo, mitigato solo dalla presenza di quel triumvirato d'adulti che chiamavamo Akela, Bagheera e Chil. Un lupo, una pantera e un avvoltoio. A ben pensarci, creature del genere potevano davvero carezzare il sogno di rimanere il più a lungo possibile nella terra selvaggia.

Quando i panini furono lievitati, il fuoco ardeva già nel forno a legna, alimentato con gesti consapevoli dal liceale insignito del titolo di cambusiere. Le nostre pallide creazioni sparirono nella bocca del forno, che si richiuse dietro di loro, metallico e definitivo come il portone della cella dietro a un ergastolano. Certo, l'idea di non rivedere più la casa, gli amici e il mio fratellino era inaccettabile, ma ci saremmo divertiti, a restar lì qualche tempo in più del previsto.

«Mamma si arrabbierà», pronosticava, pensoso, un ragazzino insignito di recente della specialità di atleta. «Odia i ritardi, lei. La fanno proprio innervosire. Dice che si deve organizzare, e io le mando sempre tutto a carte quarantotto».

«Ci parleranno i Vecchi Lupi, con lei», suggerì allora il Caposestiglia dei Rossi. Lui non sembrava scherzare. «Spiegheranno tutto loro ai nostri genitori, e quelli non si arrabbieranno».

«Io non credo», annunciò il vice dei Lupi Bianchi. «Se ricomincia la scuola e noi non ci siamo, papà e mamma si arrabbieranno eccome».

Anche i miei, ci avrei scommesso, ma non trovai opportuno rimarcarlo.

«Torneremo prima», spiegò quello che doveva andare a Rimini, mentre l'aria si riempiva d'un profumo antico di pasta cotta.

«Che ne sai, tu?», obiettò il lupetto anziano che si era inventato la fola dell'adozione in spiaggia. «Per me si resta almeno un anno».

«Potremo giocare a rugby fino a non poterne più», considerò un'altra voce, mentre il cambusiere spalancava la bocca del forno.

«Devo andare in prima media, io», s'intestardì il vice dei Bianchi. «È obbligatorio andarci, e loro non possono tenerci qui oltre la data stabilita. Altrimenti viene qui mio padre a prendermi, e voglio vedere cosa gli dicono».

«Potete mica portare a casa anche me?», supplicò uno dei Cuccioli, che sin lì aveva mantenuto un contegnoso riserbo, e l'attenzione di tutti si concentrò sul vice dei Bianchi.

«A te non ti possiamo prendere», rispose perfido. «D'estate papà gira solo in moto», e l'altro scoppiò a piagnucolare che voleva rivedere il suo cocker Travolta e la nonna, che non stava tanto bene.

Quando l'infornata di pagnotte, sbilenche ma sostanzialmente edibili, apparve sotto i nostri occhi dentro un grande cesto intrecciato chissà quanti anni prima, non riuscimmo a sostenere lo sguardo del cambusiere che lo reggeva: si aspettava di vederci accalcati intorno alle forme di pane nuovo, invece fuggivamo il suo sguardo, e pescavamo timidi dal cesto, tentati anzi di rifiutare.

Mangiare di quel pane significava ammutinarsi alla

civiltà, negare l'autorità dei parenti e accettare di restare sulle rive del nostro torrente, chissà per quanti anni, sottomessi solo alla guida dei Vecchi Lupi e alla Legge della Giungla.

Unicamente un motociclista ci avrebbe raggiunti risalendo fin lassù; una volta ripartito con quell'impiastro di suo figlio, il silenzio sarebbe sceso intorno alla nostra sorte, e per molto tempo, a fondovalle, nessuno avrebbe più avuto nostre notizie. Meditai di affidare al vice dei Bianchi un biglietto per la mia famiglia, e azzannai il pane: «Be'?», domandò il cambusiere, posando il cesto per prelevarne a sua volta una piccola forma. «Com'è venuto?».

Il pane era morbido, di pasta ricca, forse un po' troppo salato e lievitato in maniera irregolare, ma di certo gustoso: glielo dissi, e il proprietario del cocker Travolta mi guardò come l'avessi pugnalato a tradimento.

«Ma io voglio tornare a casa», balbettò, senza azzardarsi a mordere quel cibo capace di sancire un patto.

«In autunno ci insegneranno a cacciare», infierì il Capo dei Rossi. «Sarà pieno di cinghiali, qui attorno, e noi li cacceremo con la lancia».

All'idea di non rivedere cocker, nonna e parenti sino alla stagione delle nebbie, il Cucciolo cominciò a singhiozzare.

«E finitela, con questa storia!», ci ammonì il cambusiere. «Domenica sera si torna tutti a casa, esattamente come previsto!».

Le parole di quel mezz'adulto, che sbocconcellava

sereno la sua pagnotta dopo avere lavorato per noi, sembravano sincere, e quando apparvero a rassicurarci i Vecchi Lupi, anche il pane prese un sapore diverso. Adesso era in grado di farti sentire in armonia col cosmo e desideroso di scherzare, anche se eri solo un piccoletto che se le beveva tutte.

Da Lupetti cadevamo spesso vittime di illusioni collettive, e i Vecchi Lupi sfruttavano la nostra credulità per trascinarci nei giochi più belli cui avessi mai preso parte. L'incanto che ci facevano vivere era sfruttato per tenerci in riga e darci la possibilità di effettuare in maniera razionale e ordinata attività precluse a orde di bambini privi d'una guida: non saremmo mai riusciti, da soli, a elevare il palo dell'alzabandiera, né ci saremmo lavati regolarmente – forse non l'avremmo fatto *mai* – e ogni partita di rugby, senza un arbitro, sarebbe finita in rissa.

Alla lunga, abbandonati a noi stessi avremmo finito per dividerci in fazioni e scannarci a vicenda. Sempre che non fossimo morti prima di fame. Invece, con tre ventenni in gamba come educatori, potevamo persino costruire funicolari atte al trasporto di bambini, lanciarci appesi alle liane come Tarzan oppure spingerci in pattuglia a esplorare che aspetto avesse il mondo oltre le prime colline.

Erano esigenti dal punto di vista della disciplina perché avevano la responsabilità di tutti noi, e non potevano permettersi di ascoltare i capricci di trenta bambini. Per aiutarci a diventare grandi, furono per noi fratelli maggiori; all'epoca, però, dieci anni di differenza sembravano un oceano, così ci sarebbe piaciuto molto averli come zii.

Nonostante la vita avventurosa e le benevole prove alle quali eravamo sottoposti, per riguardo alla nostra giovane età, fin lì ci era stato risparmiato il supplizio di dover mangiare ciò che noi stessi avevamo cucinato.

Era, quello, un rito di iniziazione che ci attendeva al varco.

Una volta trascorsi quattro anni nei ranghi dei più giovani, infatti, si era chiamati a lasciare il branco: nello spazio d'una domenica d'autunno si abbandonava il berretto verde filettato d'oro, si scucivano le fettucce dorate da Capo o vicecapo d'una sestiglia, e sparivano anche i distintivi di specialità dalle maniche della camicia. Allora, dodicenni denudati d'ogni segno di prestigio, ci si ritrovava a ripartire da zero fra i più grandi, nel reparto degli esploratori. Allora sì, che si doveva imparare a cucinare da soli, e non sempre nelle condizioni più semplici.

A ripensarci oggi, è quasi un miracolo che non ci siano state vittime; gli incidenti, tuttavia, non sarebbero mancati.

# La squadriglia Coguari

RIAVVOLGIAMO il nastro all'indietro, cari signori. Come ve la cavavate a dodici anni? Che cosa si provava a camminare per strade sconosciute? E nel fitto d'un bosco?

Nel mio caso, avevo le chiavi di casa da un anno scarso, ma non ancora il permesso di accendere il gas da solo. A essere sinceri, non mi sentivo troppo al sicuro nel ritrovarmi solo e appiedato in zone diverse dal mio quartiere e dal centro storico; in bici, in compenso, ci si poteva spingere sino ai limiti della città, certi di poter fuggire a ogni minaccia spingendo sui pedali. Quanto ai boschi, poi, non mi ci ero mai addentrato da solo e, anche in gita con familiari e amici, si stava attenti a non perdere di vista i segnavia.

Gli esploratori dei quali eri entrato a far parte come novizio, invece, battevano palmo a palmo foreste inesplorate. Guadavano torrenti impetuosi sui quali, nel giro di poche ore, costruivano ponti di corda. Talvolta fondavano cittadelle dall'aspetto di fortini, che poi lasciavano alla mercé della vegetazione e delle fiere.

Questo almeno mi avevano raccontato e io, forte

dell'esperienza come collaudatore di funicolari e panificatore nella branca infantile, ci credevo ciecamente.

Nella realtà, si trattava d'una ciurma compresa fra i dodici e i quindici anni di età, dove ai modi da gentiluomo si preferiva una burbera schiettezza. Il reparto era suddiviso in cinque squadriglie, e io mi ritrovai come ultimo degli ultimi nella nobile compagine dei Coguari. I nostri colori, ripresi dagli omerali in stoffa che pendevano dalle spalle dei miei nuovi compagni, erano – senza un vero motivo al mondo – il bruno e il rosa. Numero uno era un ginnasiale alto e dall'aria sorniona, Fulvio Goldrini, nome di battaglia Fulgor. Quanto al vice, ricordavo il suo nome dai tempi dei Lupetti, ma adesso tutti lo chiamavano Anatra.

«Perché Anatra?», mi azzardai a domandare, e il terzo di squadriglia, un giovanotto dell'Istituto tecnico che poteva già inalberare due invidiabili basette, mi guardò come fossi scemo.

«Non lo vedi?», me lo indicò. «Ha il collo lungo come l'Anitra WC».

L'interessato, che in effetti poteva vantare una certa distanza fra le spalle e la testa riccia, non mostrò di aversene a male. «Lui deve stare zitto», sorrise, accennando al terzo. «Alcatraz, lo hanno battezzato».

Ecco in che compagnia ero finito! E, a peggiorare le cose, il Caporeparto e i suoi aiutanti, gli unici adulti alla cui autorità dovessero inchinarsi Fulgor, Anatra e Alcatraz, sembravano rassegnati al fatto che, molto presto, alle attività che comprendevano l'intero reparto si sarebbero affiancate, con sommo sprezzo del pericolo, uscite di due giorni progettate e portate a termine dalle singole squadriglie. Allora nessuno ci avrebbe sorvegliato o soccorso, né s'intravedeva la possibilità di ottenere pasti caldi se non mettendoci noi stessi a cucinare.

Guardando di sottecchi le basette e il collo lungo del vice, pregai che almeno Fulgor sapesse maneggiare correttamente un fornello a gas.

«Adesso cambia tutto», mise in chiaro il Caposquadriglia, mentre aspettavamo la corriera, a fianco della scomposta piramide formata dalla sacca della tenda e dai nostri zaini affastellati. «Non siamo più la squadriglia Coguari, ma i Ragazzi della Cinquantaseiesima strada». Era un film in voga dove si parlava d'una banda giovanile di cui faceva parte il protagonista, Matt Dillon, e ci restai di sasso quando vidi che Fulgor si levava di tasca un berretto di panno rosso uguale a quelli del film.

«Chi te l'ha dato?», domandai, ma quello non rispose. Si limitò a sistemarselo in capo, e anche Anatra ne tirò fuori dal giubbotto uno identico.

«Ce li siamo fatti noi», rispose. Si vedeva che era fiero di quel copricapo, ma allo stesso tempo provava pena per noi più giovani che ne eravamo privi. «Potrete portarlo anche voi, quando sarete all'ultimo anno di reparto», concesse.

«Nix!», lo zittì Fulgor. «Potranno portarlo se entreranno a far parte dei Ragazzi. Mica tutti ce l'hanno».

Anatra tacque, segno che doveva essere così.

Alcatraz apparve sotto il portico con il suo peculiare passo trascinato. Aveva inforcato un solo spallaccio dello zaino, e anche lui portava il basco rosso. Reggeva al petto un fascio di riviste, mentre coll'altra mano si trascinava dietro uno spinone al guinzaglio.

«No, eh! Stavolta il cane non viene!», protestò Fulgor.

«Che palle, Alcatraz!», gli fece eco il vice. «Lo sai che non si può, e dopo Marangoni s'incazza».

Alberto Marangoni era il Caporeparto al quale dovevamo tutti obbedienza. Avrebbe messo schiena a terra ognuno di noi con una mano sola, ma al momento non era in zona, così Alcatraz si sentì in diritto di rispondere: «Mi ci sciacquo le palle, io, con Marangoni».

Ecco perché, al quarto anno in reparto, non era diventato né Capo, né vice.

Gli altri due sembravano più equilibrati, ma il proprietario dell'animale mise su una linea difensiva inoppugnabile: sosteneva che, essendo rimasto da solo con l'animale, non poteva abbandonarlo.

«Giura che tua madre è partita!», volle vederci chiaro Fulgor, e Alcatraz giurò.

«E tuo fratello?».

«È in gita scolastica», flautò il terzo. «In Umbria», aggiunse, con una vocina flebile da piccola fiammiferaia che non gli si addiceva.

«Tu racconti stronzate», tentò di smascherarlo il Capo, mentre lo spinone faceva le feste a tutti, pregustando l'avventura. «Non ti ricordi com'è andata, l'altra volta?».

«È solo caduto in un fiume», rammemorò Alcatraz. «Niente di grave».

«E le pecore? Chi le inseguiva?».

«Dài, Fulgor. Non è un buon motivo per lasciarlo a casa da solo a morire di crepacuore».

«Da solo non può starci», convenne Anatra, e Fulgor sbuffò.

«Sempre all'ultimo minuto, tiri fuori queste novità!», commentò, poi accennò al nastro d'asfalto e disse: «Merda, la corriera».

«Cosa facciamo?», domandò un ragazzino, maggiore di me d'un anno, che chiamavano Carioca.

«Cosa vuoi che facciamo?», sussurrò il suo pari età Aldo Tullis detto Actarus.

Dilemmi che ormai coinvolgevano solo noialtri della bassa truppa. I Ragazzi della Cinquantaseiesima strada erano già lì a sbracciarsi per fermare la corriera; montammo in sette, tre dei quali con i berretti rossi in testa, e con noi salirono gli zaini, la pesante sacca della tenda, le riviste e un cane pazzo di gioia.

Il luogo disposto per accamparci era in cima alla collina. Non però, come ci eravamo convinti in un primo momento, la collina ai piedi della quale ci aveva scaricato la corriera. E nemmeno, come constatammo inerpicandoci fin lassù con la tenda portata a spalle, la collina successiva.

I voli di pipistrelli del crepuscolo avevano lasciato il posto alla tenebra più oscura, e noi più giovani arrancavamo dietro i ragazzi col basco, sospinti dalla fede cieca nel fatto che, qualora fossimo rimasti indietro, nessuno sarebbe tornato a prenderci. Sudati fradici e col fiato rotto, l'unico sollievo era dato, paradossalmente, dal ricevere la tenda da portare: quand'era il tuo turno c'era schiattare, ma almeno eri sicuro che, fino a quando restavi sotto il peso della ruvida stoffa, con le sue cuciture in grado di scorticare le mani, perlomeno gli altri non ti avrebbero abbandonato. Era infatti, quella tenda, l'unico riparo in grado di salvarci dal gelo della notte, ma quando Fulgor giurò che ci aspettava solo un'ultima salita, poi avremmo montato il campo, credetti di star male dalla gioia. Ancora non potevo sapere che cosa ci attendeva.

Da perfetti pivelli, ci era sembrato superfluo indossare da subito abiti asciutti. «Ci cambiamo poi, quando abbiamo montato la tenda», aveva disposto Fulgor, e noi gli eravamo andati dietro per non sembrare femminucce, col risultato che due ore dopo stavamo ancora battendo i denti al freddo, ché la grande tenda da otto persone, che si diceva un surplus dell'esercito cecoslovacco, non voleva saperne di stare dritta. Dal mio punto di vista, il peggio era che gli altri ci sembravano abituati, e nessuno si preoccupava di preparare la cena.

«'Sta busona di cecoslovacca!», imprecava Alcatraz, accorciando i tiranti sul retro, ma nello stesso momento, ormai esasperato, Anatra mollava quelli davanti, e il sovrattelo finiva per scivolare daccapo verso l'oscurità, lasciando nuda la casetta in tela leggera.

«Adesso ci penso io!», interveniva Fulgor. Si sostituiva ad Anatra, allontanandolo con uno strattone, ordinava ad Alcatraz di lanciargli un lembo del sovrattelo, e a noialtri di aiutarlo.

«Tu, Carioca, sei un gran Geppetto! Sempre con le mani in mano!», biasimò il giovane, che tremava come una foglia con i suoi abiti bagnati addosso.

«Non mi sento tanto bene», si scusò quello e, non appena il Capo gli puntò addosso il cono di luce della torcia elettrica, ebbi l'impressione che la sua fisionomia, talmente pallida da meritargli come scherzoso nomignolo una marca di pennarelli, andasse coprendosi d'una patina di brina.

«Resisti», lo liquidò Fulgor. «Ci siamo, con questa copertura della malora? Dobbiamo tirare tutti insieme al mio tre».

Non fece in tempo ad arrivare al due, che la casetta diede spontaneamente un cigolio sinistro, quindi si afflosciò beffardamente sotto i nostri occhi.

«Non erano fissati i pali, zio spazzacamino!», proruppe Fulgor. «Adesso ci tocca fare tutto daccapo!».

«È colpa di 'sta busona», tentò di calmarlo Alcatraz, mentre Anatra rideva in maniera scomposta. Allora il Capo, stizzito, gli lanciò addosso un picchetto, che mancò il vice e proseguì la sua roteante parabola nel buio per concluderla a un braccio da me.

Con un grido improvviso, un corpo si afflosciò a terra.

Lo spinone, legato a un arbusto e convinto di essere a guardia degli zaini, si ridestò abbaiando in maniera furiosa.

«Chi ho preso?», indagò Fulgor.

«Actarus», spiegò Carioca, scosso dalla febbre.

Il colpito si lamentava in maniera penosa e, quando riuscimmo a levargli le mani dal volto, dovemmo constatare che si andava formando un grosso ematoma al centro della fronte.

«Mi spiace», balbettò Fulgor. «Volevo colpire Anatra. Ma tu come stai?».

«Mi fa male. E sento che mi sta venendo un bernoccolo enorme».

Non sembrava una situazione da prendere sottogamba, ma cos'avremmo dovuto fare? Ridiscendere la collina semicongelati, per arrivare alla fattoria più vicina, e convincere i contadini a chiamare un'ambulanza? Allontanarsi da lì nella notte pareva follia.

«Comunque non sanguini», fece il punto Alcatraz. «E un uomo che non sanguina, di solito non sta per morire».

Poteva essere una citazione di Clint Eastwood o una sua trovata nuova di zecca, non avrei saputo dirlo, ma ormai agognavo soltanto la maglietta asciutta, il maglione caldo e l'abbraccio del sacco a pelo.

«Dài, ragazzi. Tiriamo su daccapo la busona», ordinò Fulgor, senza perdersi d'animo.

«Posso entrarci dentro?», implorò Carioca, tremando a braccia conserte e leggermente inclinato in avanti. «Anche atterrata», biascicò, «è pur sempre un riparo».

«Tu pensa alla cena, deficiente!», lo zittì Alcatraz, e quel rude richiamo mi ridestò dal torpore, offrendo la ragionevole certezza che non eravamo ancora destinati a trascolorare in fantasmi.

La tenda cecoslovacca, mantenuta in equilibrio con l'aiuto qui di zeppe e là sfruttando i naturali avvallamenti del terreno, sembrava intenzionata a reggere almeno sino all'alba dell'indomani.

E noialtri, ora che s'era costruito in qualche modo un simulacro di nido, avevamo indossato i nostri abiti asciutti e ci potevamo infine rilassare nell'attesa della cena. Anatra sfogliava il "Guerin Sportivo", il Capo Fulgor l'ultimo numero della rivista musicale alternativa "Blast", e il proprietario di entrambi i giornali, la gola al riparo d'una kefiah palestinese, mostrava a noi più giovani un servizio al quale era particolarmente affezionato, *Cuginette birichine*, tratto dal mensile vietato ai minori "Le Ore". A quanto pareva, certe donne facevano fra loro cose inaudite. Solo il povero Carioca, raggomitolato nel sacco a pelo nell'angolo più buio dell'antro, non poteva godersi lo spettacolo.

«Sarà ancora vivo, quello?», domandò Alcatraz controllando il bollore: la gavetta, in precario equilibrio sui bracci del fornello, non sembrava contenere acqua a sufficienza, ma il titolare vi aprì dentro senza un'esitazione una busta di penne da mezzo chilo.

«Bravo scemo!», protestò Fulgor di fronte allo spettacolo delle penne che debordavano dalla gavetta e cascavano nell'erba umida. «E adesso quando bolle, secondo te?».

Ci volle quasi un'ora, nel corso della quale il Guerin, Blast e le Cuginette birichine corsero di mano in mano sino a stancarci.

«Perché non mettiamo su il secondo, intanto?», propose timidamente Actarus, al quale si era formato un bozzo in fronte di proporzioni mai viste.

«Ma sta' zitto, unicorn!», lo ammonì il terzo. «Abbiamo un fornello solo!».

Sospirammo, e ci ripromettemmo di portarne sempre almeno due.

«Cosa ci sarebbe, di secondo?».

«Salsicce, e cinquemila lire a testa di quota».

«Cinque sacchi per non mangiare un accidenti», si lamentò Anatra, e Alcatraz si rivoltò come se l'avessero punto.

«Va bene!», gridò stizzito. «Questa pasta non sarà mai pronta! Passiamo al secondo!».

«Basta levarne un poco», suggerì Fulgor, ma ormai il terzo di squadriglia si era levato in piedi per scagliare lontano il contenuto della gavetta. Il manico pieghevole e la forza centrifuga fecero il resto: con un grido lancinante, Alcatraz fece sapere alle mute contrade circostanti di essersi tirato addosso una quantità imprecisata di penne crude e acqua che, se ancora non bolliva, doveva essere già più che tiepida.

Venne soccorso e, appurato che non aveva subito danni irreparabili, venne lasciato al conforto d'una Camel fuori ordinanza.

«Delle salsicce mi occupo io», mise in chiaro Fulgor, coltello sguainato alla mano, ma qualcosa mi diceva che anche il secondo avrebbe rappresentato un problema. «Dove sono le salsicce?».

Saltarono fuori, per fortuna, e mentre Fulgor deponeva il cartoccio aperto sulla nuda terra, e si dava ad accoltellare le salsicce come fossero le peggiori nemiche della sua famiglia, Anatra si occupò di sostituire il più recente infortunato come fuochista.

«Mangeremo mai?», domandò il bernoccoluto Actarus.

«Muto, unicorn. Sto sminuzzando la salsiccia proprio perché si cuocia più in fretta».

Di fronte alle competenze da trapper del Capo, nessuno fiatò. Solo Anatra, quando si trovò alle prese con dodici salsicce ridotte a poltiglia, osservò che metterle in padella senza olio né burro poteva risultare rischioso.

«Cuoci, va'!», lo liquidò Fulgor, immergendo il coltello nel terreno sino al fermo dell'impugnatura.

«Perché fai così?», non resistetti alla curiosità.

«Niente di meglio dell'argilla, per sgrassare», assicurò il Capo, sfilando la lama dalla sua guaina di terra con la stessa rapidità impiegata a infilarvela. Mi ripromisi d'imparare quel gesto, una volta a casa, e in quella la salsiccia prese a sfrigolare.

«Dài, che si mangia!», esultò Actarus e, per un attimo, sentii che una squadriglia di ragazzi era riuscita a strappare la propria cena dalle unghie del destino, arbitro e avversario particolarmente accanito nei confronti dei viventi che si aggirano in orario notturno per colline senza nome.

Eravamo tutti trapper, pionieri, cowboys riuniti intorno al fuoco di bivacco ed era meraviglioso sentirsi così a dodici anni, sotto l'ordito fuori dal tempo delle stelle. Fu una sensazione molto piacevole che, però, durò all'incirca il tempo di trascinare il malato fuori dal sacco e metterci in cerchio per azzannare le salsicce.

«Alcune sono un po' abbrustolite», ci informò Anatra, in perfetto accordo con il tanfo pesante di bruciato che si spandeva intorno a lui.

«Meglio. Abbrustolite sanno di più», sentenziò Fulgor, mentre ciascuno riceveva la propria porzione. La prima sensazione fu di non ritrovarmi quasi niente nella scodella metallica della gavetta. Pensai a uno scherzo di Anatra, ma vidi che tutti fissavano interdetti la porzione di spettanza.

«Cos'è 'sta merda?», domandò il Capo non appena ebbe assaggiato la prelibatezza. «Carbon coke?», e sputò via il suo boccone.

Alla luce della torcia mi resi conto che la cena si era ridotta a uno spolverio di frammenti completamente anneriti, e ne provai un dolore fisico che ancora non avevo sperimentato.

Alcatraz lasciò andare una bestemmia rabbiosa, e anche il cane prese a ululare alla disperata.

«Altro che Ragazzi della Cinquantaseiesima strada», bofonchiò Anatra. «Siamo una manica di imbranati!».

«Fuori le colazioni!», Fulgor riassunse il controllo della barca alla deriva. «Biscotti e marmellata! Ecco cosa mangiamo stasera per cena!».

# Il ritorno della squadriglia Coguari

Il nostro discutibile gruppo di cuochi si rese ancora protagonista di imprese notevoli nel corso dell'anno, culminate nella temuta gara di cucina da campo, un appuntamento annuale che vedeva le squadriglie sfidarsi fra loro, mentre Marangoni e i suoi aiuti facevano da assaggiatori e giudici. La caratteristica della competizione, organizzata sulle melmose rive del Reno fra Casalecchio e Sasso Marconi, era che ogni équipe doveva preparare primo, secondo e dolce non già sui fornelli a gas, ma avvalendosi di rudimentali fornaci di fango e sassi da costruirsi sul momento.

Noi Coguari si era intenzionati a proporre un menu sopraffino che prevedeva tortellini in brodo, seguiti da pollo farcito con patate al formaggio e dolce di ricotta al cucchiaio. Almeno con i tortellini contavamo di stendere la giuria: li aveva fatti a mano la nonna di Fulgor e il brodo, preparato impiegando un cappone ruspante, era stato astutamente ridotto in gelatina per facilitarne il trasporto, ma era già pronto a riassumere lo stato liquido e il profumo che gli competeva.

Ghignavamo, orecchiando le conversazioni delle

altre squadriglie, che avevano in animo di preparare banali carbonare o tagliatelle panna e prosciutto di chiara origine industriale. Pregustavamo il giusto trionfo, ma non avevamo fatto i conti con la difficoltà rappresentata dalla costruzione di un forno: disporre il cerchio di pietre per il fuoco, ed elevargli intorno la muraglia in forma di U rovesciata che costituiva le pareti esterne, era un gioco da ragazzi, mentre fissare alla struttura la griglia che avrebbe fatto da piano di cottura non era altrettanto semplice. Si ostinava, la gaglioffa, a non mantenersi parallela al suolo; vuoi perché la fissavamo sbilenca, vuoi perché il destino era tornato ad accanirsi, non appena la pentola fu alloggiata sulla griglia prese a scivolare senza rimedio contro una delle pareti, quasi desiderasse sfuggire le fiamme. La sistemammo daccapo in posizione, ma quella riprese beffarda a decentrarsi. Il forno era sbilenco, non v'erano dubbi, ma stabilimmo che era più semplice concentrare le fiamme sotto la pentola piuttosto che provare a ricostruire la struttura a regola d'arte. Aggiungemmo legna e, ventilando a più non posso con giornali e cappelli, riuscimmo effettivamente a trasferire la fiamma sotto la pentola, così da indurre la gelatina a trasformarsi daccapo in brodo.

«Li stracciamo tutti», gongolava Fulgor al momento di immergere i tortellini nel bordo: erano piccoli, biondi d'uovo, in tutto conformi alla tradizione, e sperai ve ne fossero a sufficienza per tutti. L'idea di servire un tipico piatto festivo sulle rive del fiume era stata una trovata che rasentava il geniale, e ammirai ancora di più Fulgor quando, senza lasciarsi distrarre dalla prospettiva di vittoria, volle occuparsi di persona di guarnire il pollo di spicchi d'aglio e limone.

«Fra due minuti levate i tortellini dal fuoco», dispose, e restai a guardarlo mentre, concentrato come un massoterapeuta alle prese col suo campione preferito, massaggiava il pollo con le mani sporche di fango. «Per ammorbidire la carne», spiegò, ammirevole, e in quella vidi che Anatra e Alcatraz si alzavano per occuparsi della pentola.

Un presentimento senza nome m'indusse a seguire i loro gesti, ma quando li avvertii di fermarsi era troppo tardi: i due stavano scolando i tortellini come fossero spaghetti, impregnando senza un perché la terra argillosa del greto col brodo di cappone.

«Deficienti!», li insultò Fulgor. «Il brodo di mia nonna!», e Anatra, più sensibile dell'altro, levò le mani per scusarsi, lasciando così che rovinasse a terra anche la pasta.

Marangoni e i suoi aiutanti, che immaginavo ci avrebbero lodati, dovettero impegnarsi per levare il responsabile del disastro dalle mani di Fulgor: il Capo aveva perso il lume della ragione, e adesso voleva strangolarlo. Lo convinsero a salvare il salvabile, invece, così ci demmo tutti da fare per raccogliere i preziosi involti di pasta ripiena. Per lavarli dalla terra, trovammo adatto sottoporli a un rapido bagno nell'acqua corrente, e fu così che i nostri tortellini si disfecero definitivamente.

Contando che il pollo risultò metà bruciato e metà crudo come quand'era vivo, dovemmo accontentarci delle patate ripiene di gorgonzola: avvolte nella stagnola e poste fra le braci, s'impregnavano deliziosamente di formaggio fuso. Insieme al dolce al cucchiaio, ci garantirono il necessario fabbisogno di calorie, ma non bastarono per schiodare i Coguari dalla quinta e ultima posizione nella gara di cucina da campo.

Il nostro capolavoro, tuttavia, è da collocarsi nel cuore dell'estate. Ci eravamo trasferiti per due settimane di campo estivo in quella contrada benedetta dalla grazia che è la terra di Agordo. Un verde prato ai piedi delle Dolomiti divenne per noi campo-base, fortilizio e *polis*: le cecoslovacche a otto posti delle squadriglie erano disposte a semicerchio presso il limitare del bosco, fronteggiate dalla grande tenda squadrata che faceva da magazzino e dispensa, intorno alla quale fiorivano le canadesi di Marangoni e dei suoi aiuti.

Più in là era stato eretto il palo dell'alzabandiera, svettante come il pennone d'una nave: in realtà si trattava di due smilzi tronchi d'abete incastrati e tenuti insieme con una legatura. Non un chiodo era stato impiegato per quel lavoro, e alle stesse condizioni ci eravamo attenuti per erigere le cucine di squadriglia.

In altre parole, il primo giorno noi Coguari non solo avevamo eretto la nostra cecoslovacca, ma ci eravamo anche trovati alle prese con cinque pali e un grande foglio di plastica: mercé l'impiego di corde, cordini e accetta ci toccò trasformarli in un manufatto che comprendeva la cucina propriamente detta, il tavolo, le panche e la loro copertura. La cosa più sorprendente, dal mio punto di vista, era che alla fine ci eravamo riusciti. Ormai da una decina di giorni, sotto il sole o con la pioggia, cucinavamo all'aperto sulla nostra realizzazione ultraecologica di abete, canapa e fango e, complice l'aria frizzante, nessuno si era ancora sentito male. A dar retta a Marangoni, anzi, la nostra arte culinaria aveva subito un netto miglioramento. Veniva ospite a pranzo e cena, ruotando fra le diverse squadriglie, e sapeva di cosa stava parlando. Anche gli aiuti, un ragazzone dalla testa riccia chiamato Keegan e il rosso Ipo, sembravano piacevolmente sorpresi, e ci lasciarono intendere che, se avessimo cucinato un risotto come si deve, i Coguari avrebbero fatto un enorme balzo in avanti nella gara di campo.

Quel pomeriggio ci mettemmo a fare legna con anticipo, per dare tempo al fuoco di farsi *robustoso et forte*. Fulgor si era infervorato con l'idea di far soffriggere delle cipolline selvatiche prima di buttare il riso, sostenendo che avrebbero aggiunto un quid di selvatico e naturale. Ne strappò un paio direttamente da terra, ce le mostrò e disse: «Qui intorno è pieno. Portatene a manate».

Così, mentre i Ragazzi della Cinquantaseiesima strada si occupavano di alimentare la fiamma, venni spedito alla ricerca di piante commestibili insieme ad Actarus, Carioca e un tizio di nome Settimio Stromboli, che durante l'anno non si era visto quasi mai, perché giocava un torneo di tennis dietro l'altro.

Non ci avevo mai fatto caso, ma Fulgor aveva ragione: trovare cipolline selvatiche può essere molto semplice. Ammirati dalla consapevolezza del Caposquadriglia, ne raccogliemmo una buona quantità, e presto facemmo ritorno alla base: la padella, in assenza di burro, era stata unta di margarina, e Alcatraz ci aspettava con la lama già sguainata, sorridendo come Bruto alle Idi di marzo. Consegnammo a lui i vegetali: li sciacquò sommariamente, per sistemarli poi sul tavolaccio, quindi prese ad affettarli con gesti rapidi da cuoco giapponese.

«Tocco da maestri», commentò Anatra, compiaciuto, non appena le cipolline finirono in padella: la margarina già calda le faceva imbiondire e il tennista Stromboli osservò che era una grande risorsa, sapersi procurare cibo dove un altro avrebbe visto solo erbe senza nome e radici.

«Questione d'esperienza», si strinse nelle spalle Fulgor. «Al quarto anno di reparto, saprete riconoscere cose che ora non vi sognate neppure».

«In primo luogo, la gnocca», Alcatraz prosciugò il discorso d'ogni lirismo. Il colpo di fischietto dell'ammainabandiera traversò il prato come una fucilata. Senza più parlare, ci mettemmo sull'attenti come facevamo ogni sera, e attendemmo che un doppio colpo di fischietto segnalasse che la cerimonia fosse conclusa.

«No, dicevo», riprese Alcatraz lisciandosi le basette, «forse è il caso che facciate un po' di pratica, voi più giovani. Altrimenti farete la fine del mio cane, che non ha imparato a chiavare da giovane, e non imparerà mai».

L'ipotesi era spaventosa. Distinsi chiaramente un'ombra correre sul volto pallido di Carioca, e il tennista Stromboli spiegò: «Per chiavare a quindici anni, bisogna coltivarsi una tipa almeno dai tredici».

«Mica vero», lo smentì Alcatraz, mandando a monte i piani di lavoro che stavo già valutando. «Ci sono anche sbarbe che si fanno pregare molto meno. Chiedete a Fulgor, se non mi credete».

«Con me, la Betta ha fatto tutto dopo un mese scarso», confermò gravemente il Capo e, al solo pensiero della ragazzina in hot pants che lui si portava in giro sulla moto da cross, mi sentii sprofondare per l'ammirazione e l'invidia.

«Ti sarai divertito», osservò Anatra, posandosi in capo il basco rosso fuori ordinanza. Insieme alla maglietta con la lingua dei Rolling Stones, gli donava un aspetto a metà fra il *roadie* e il venditore di popcorn in servizio al concerto.

«Mi sono divertito, infatti», sospirò Fulgor, smuovendo la padella per far cantare il riso. «Peccato sia una testa matta», aggiunse, e rivelò: «L'ho lasciata una settimana prima di partire».

«Chissà chi se la prende, adesso», commentò, in tono sprezzante, Actarus.

«Tu ci faresti la firma, segaiolo», lo gratificò Alcatraz mentre il sole si abbassava dietro le creste. «Te la sogni, una che te lo succhia a Parco Melloni, e per di più in pieno giorno».

Fulgor s'impietrì con la padella in mano. Il ghigno di Alcatraz e l'aria stupefatta del vice Anatra non promettevano una cena tranquilla.

«Cosa ne sai, tu, di cosa fa la Betta?», domandò il Capo con una voce più fredda della notte in arrivo.

«Diciamo che ho un'esperienza personale», annunciò con noncuranza il proprietario dello spinone che non chiavava mai. Si aggiustò a sedere sulla panca e propose: «Se volete, ve la racconto».

«È a te che l'ha succhiato?», domandò, divertito, il tennista Stromboli.

Alcatraz si strinse nelle spalle e, con la voce che rideva, svelò: «Il giorno prima di partire. Dice che non vuole più stare con nessuno, ma si vede che...».

Prima che finisse la frase, Fulgor aveva abbandonato la padella compiendo una torsione su stesso e, per raggiungere prima Alcatraz, si era lanciato sul tavolo a mani avanti come Superman.

«Bastardo!», gridò come il signor Kent non avrebbe mai fatto, e nel suo slancio era riuscito a mettere le mani al collo del rivale.

Alcatraz franò all'indietro, scivolando schiena a terra con Fulgor addosso, e non potemmo fare altro che provare a sottrarlo alla gragnuola di schiaffi e pugni che gli pioveva in testa.

«Fermi!», gridò Anatra. «Stanno arrivando i capi!».

La rissa fra i Ragazzi della Cinquantaseiesima strada era durata sì e no un minuto, ma era bastata a produrre due contusi: Alcatraz aveva l'aspetto di un tizio che si era divertito a provocare Mike Tyson e Carioca, nella foga della mischia, aveva rimediato una gomitata sul naso che lo costringeva in ginocchio, le mani sulla faccia, come un pellegrino alla fine del viaggio.

«Che buon profumino!», salì nel buio la voce di Marangoni.

«Stai a vedere che i Coguari ci hanno preparato un risotto come si deve», gli fece eco il lentigginoso Ipo.

«Tutto a posto, gente!», ordinò Fulgor. «Filate a sciacquarvi la faccia, voi due!».

Insieme al tennista Stromboli, aiutai Carioca a risollevarsi: gli tamponammo il naso alla meno peggio e, poiché diceva di avere smarrito il senso dell'equilibrio, lo scortammo in tutta fretta verso il torrente.

Ci seguì anche Alcatraz, ma solo dopo avere promesso vendetta a Fulgor.

«Facciamo 'sta bella cena», ringhiò mentre seguivamo il sentiero. «Rimpinziamoci per bene, e poi l'ammazzo, quel cornuto».

Il contrasto fra le chiacchiere allegre che echeggiavano alle nostre spalle e il suo tono plumbeo riempiva il bosco d'una vibrazione minacciosa: per quel che capivi, era discretamente probabile che la serata sotto le stelle finisse nel sangue.

«Davvero straordinario questo risotto», si complimentò il lentigginoso Ipo. Quel soprannome che si portava dietro da anni era un'abbreviazione di ipotenusa, e originava dalla forma del suo naso, assai prominente già in età infantile. «Secondo me è almeno da nove».

«Io propongo un dieci», ci esaltò il suo collega Keegan, il pollice all'insù come Fonzie.

Adesso toccava a Marangoni dire la parola definitiva.

Gli sguardi si concentrarono sul suo volto per leggervi presagi, e quello disse con una strana voce: «Abbiamo acqua, ragazzi, per cortesia? Mi brucia un po' la lingua».

«Anche a me!», sostenne Actarus, e Fulgor lo guardò come avesse mandato a monte la sua festa di compleanno.

«Sì», corresse il tiro Ipo. «Molto buono, ma pizzica leggermente».

Venne passata una borraccia a Marangoni, che invece di bere si sciacquò la bocca, quindi si voltò e sputò l'acqua in uno zampillo. «Cosa ci avete messo dentro, ragazzi?», domandò poi. «Peperoncino di Cajenna?».

Sarà stata la suggestione, ma adesso anche a me bruciavano lingua e labbra.

«Oh, niente di speciale», sviò il discorso Fulgor. «Forse è un po' troppo salato?».

«Le cipolline», svelò Alcatraz. «Sono quelle dannate cipolline che ci hai voluto mettere, e adesso mi sento la bocca che va a fuoco».

«Quali cipolline?», indagò Marangoni, con un'ombra di risentimento nella voce, mentre la borraccia passava di mano in mano.

«Sorbole, se brucia!», esclamò Keegan, che fino a un minuto prima voleva assegnarci un bel dieci. «Dev'essere a scoppio ritardato!».

Ipo, adesso, rideva con le lacrime agli occhi, e Marangoni ci fissava come un ispettore di fronte a una banda di mariuoli appena finiti in commissariato.

«Dove avete trovato le cipolline, Fulgor?», domandò al Caposquadriglia, coprendosi la bocca con la mano come fosse ancora intento a masticare.

«Qui intorno», spiegò. «Sono commestibili, no?».

«E nel dubbio, deficiente, ce le servi a cena?», lo incalzò il Caporeparto.

«Aiuto», gemette Actarus. «Ho le labbra tutte gonfie!».

Osservato alla luce della torcia, sembrava un africano albino, e ne provammo un moto d'orrore.

Marangoni imprecò sonoramente, come faceva solo quando perdeva sul serio le staffe, e io temetti che potessimo morire tutti nel giro di una mezz'ora, con le labbra gonfie fino a spaccarsi e la lingua prosciugata.

«Dici che è meglio avvertire la guardia medica?», chiese Keegan al Caporeparto, e questa volta la sua opinione sembrava ancora più determinante che nell'assegnazione del voto al nostro risotto.

«Non ancora», dispose. «Abbiamo degli antibiotici, in infermeria. Forse è solo un'irritazione, e non ce ne sarà nemmeno bisogno. Ma se qualcuno si sente male, bisogna volare in paese e portare qui un dottore».

Così passammo, nel giro di pochi minuti, dall'essere trattati come deliziosi anfitrioni alle accuse di avvelenamento: per fortuna, nello spazio di un'ora i sintomi si placarono, e nessuno accusò malesseri più gravi del gonfiore alle labbra.

L'indomani, quando uscì il tabellone dei voti relativi alla cena precedente, i Coguari ottennero un rotondo zero, ma in compenso l'incidente era servito a evitare una zuffa. Alcatraz ebbe la sua soddisfazione nel deridere il risotto bubbonico di Fulgor, e quello restò a meditare sulla facilità di costumi di Betta senza più alzare le mani.

# La squadriglia Coguari colpisce ancora

IL CAMPO estivo volgeva ormai al termine, quando il kombinat tavolo-panche-cucina della squadriglia Coguari, sottoposto nei giorni precedenti a sollecitazioni d'ogni genere, franò su se stesso sotto i nostri occhi: ci apprestavamo a sederci per pranzare, ma uno scricchiolio sinistro ci informò che una legatura aveva ceduto e, un attimo più tardi, vedemmo il pentolone di pasta precipitare a piombo verso il terreno.

Non ci fu il tempo d'un'imprecazione, perché nello spazio d'un batter di ciglia le sezioni di palo che formavano il ripiano del tavolo presero a scompaginarsi quasi ci fosse il terremoto, e per finire andarono giù, meste e asimmetriche, persino le panche. Quando la nuvolaglia di segatura e humus primordiale si fu diradata, vedemmo che il posto dove stavamo per accomodarci non esisteva più: erano rimasti in piedi solo i montanti, e sotto lo sfasciume s'intravedeva la pentola abbandonata sul nudo terreno, imperturbabile e ancora fumante.

Complimentandoci l'un l'altro per il pericolo scampato, ci risolvemmo a mangiare accoccolati sui talloni come boscimani, la gavetta praticamente posata sulle ginocchia. Eravamo troppo affamati per commentare l'accaduto e, in fondo, era l'ultimo pomeriggio di campo: ricostruire daccapo la cucina per una sola cena sarebbe stato da matti, anche perché di lì a poco eravamo attesi da un programma speciale.

Secondo un'inveterata tradizione, infatti, quel pomeriggio si sarebbero tenute tre partite di rugby, ognuna delle quali attesissima: alla finale del torneo fra squadriglie, per la quale avevamo mancato la qualificazione d'un soffio, sarebbe seguito l'arrivo del reparto femminile per la partita dei novizi e il conclusivo All Star Game a squadre miste.

Il secondo incontro, quello che mi riguardava in maniera diretta, era forse il più povero dal punto di vista tecnico, ma era l'unico che avrebbe visto giocare maschi contro femmine, e celava numerose insidie: si dava talmente per scontato che noialtri dodicenni avremmo asfaltato le coetanee da indurre i più anziani a minacciare gravi conseguenze nel caso avessimo subito una sola meta.

Così mangiai in silenzio i miei spaghetti al tonno, concentrato sugli schemi di gioco e pronto a qualsiasi durezza pur di evitare che le ragazze portassero l'ovale in meta.

«Piuttosto ammazzale», consigliò il tennista Stromboli, e in quell'età ignara di cavalleria gli diedero ragione in parecchi.

«Basta giocare veloci», smorzò gli ardori Fulgor. «Fate girare palla, e quelle non la vedono neppure».

«Giusto», approvò Alcatraz, che mi sembrava di

conoscere da sempre con un occhio nero e il naso tumefatto. «E non ti scordare che, se quelle segnano, stanotte dormi fuori dalla tenda».

«È la tradizione», ricordò Anatra, con un sorriso acritico e vagamente beota.

«A proposito di tradizioni», mi si rivolse il Capo quando ebbe finito di mangiare, «vai a lavare la pentola, prima che inizino le partite».

Avevo lavato la grande pentola da venti litri praticamente tutti i giorni, ma era il destino dei novizi, e quello era il mio ultimo giorno da novizio, così non protestai. In virtù della stessa tradizione che m'imponeva obbedienza, l'anno successivo sarebbe stato di corvée qualcun altro; trascinando al fiume la pesante pentola sporca di sugo al tonno, quel pensiero riusciva a darmi gioia. Comunque la si mettesse, la mia schiavitù era quasi finita.

Giunto sulla riva, mi accomodai al solito posto ed estrassi l'ultima paglietta metallica della nostra dotazione. Per l'indomani era previsto pranzo al sacco, e la sera saremmo stati a casa. Mi prese una sorta di brivido nel pensare che la pentola sarebbe stata riposta per mesi nella cassa di squadriglia esattamente nello stato in cui l'avrei riconsegnata di lì a poco: contando la cattività che l'attendeva, meglio fare un buon lavoro.

Non so, cari signori, se abbiate mai lavato una pentola nel corso d'un torrente, ma è facile immaginare come la gelida temperatura dell'acqua non favorisca le operazioni, e finisca anzi per intorpidirvi le dita sino a renderle insensibili.

Allora, non c'è più senso di responsabilità che tenga: serve tenere le mani in acqua solo lo stretto indispensabile, e di tanto in tanto scuotere vigorosamente le dita, battere i palmi o compiere qualsiasi movimento che le riporti in vita.

Nel corso di simili operazioni può anche accadere, e purtroppo quella volta accadde, che la pentola decida di abbandonare le immediate vicinanze della riva, ché un frullo della corrente la fa girare e, prima che possiate trattenerla, ve la rapisce da sotto gli occhi, trascinandola al centro del corso d'acqua. Se mai vi accadesse di trovarvi in una situazione del genere, non illudetevi: il maledetto arnese, dopo avere esitato qualche istante fra gli spruzzi mentre voi vi levate le scarpe, partirà di slancio verso valle non appena avrete messo piede in acqua.

La vidi filare via, beffarda e come viva, a una velocità di parecchi metri al secondo, e l'acqua non era fredda come il presentimento della punizione in arrivo: altroché a dormire fuori, mi avrebbero messo. Come minimo, mi sarebbe toccato ricomprarla rinunciando a parecchi gelati. E, peggio, subire chissà quante prese in giro. Ero spacciato, e chiunque si fosse affacciato sulla riva in quel momento non avrebbe capito il dramma che poteva tenere un dodicenne in acqua sino a metà coscia, gli occhi spalancati di paura, pregando una pentola perché si fermasse.

Non so come, ma essa dovette udirmi: dopo aver percorso il primo tratto con la velocità d'una freccia, parve esitare brevemente, quindi un capriccio della corrente la spinse verso un'ansa della riva opposta, e laggiù la pentola sembrò trovare approdo e pace.

All'improvviso, recuperarla parve più semplice che mai: immerso nell'acqua gelata sino alla cintola, camminavo a piedi nudi sul fondo sassoso, felice come un giovane fachiro che sta passando il suo esame di abilitazione. La pentola era ormai vicina, sembrava anzi protendere i manici verso di me, come un bambino smarrito spalancherebbe le braccia per stringere il padre rispuntato all'improvviso.

Adesso bastava impadronirsene, ritrascinarla dalla parte giusta, e filare ad asciugarsi. Non fu, però, semplice come dirlo: non appena si trovò di nuovo nella corrente, la pentola imbarcò acqua a litri e divenne solidale al flusso senza tempo che imponeva al torrente di gettarsi in un fiume, e a questo nel mare. Rischiavo di arrivarci anch'io, su qualche spiaggia veneta, se non avessi mollato in fretta quell'arnese che mi trascinava a valle con la forza d'un sommergibile.

Per quel che ne sapevo, ogni passo poteva avvicinarmi a un mulinello, o a una cascata. Con la forza della disperazione, tentai di sollevare la pentola per sottrarla alla forza della corrente, ma era come provare a frenare un cavallo imbizzarrito. Ero impegnato nel corpo a corpo, quando una voce di donna gridò di non fare pazzie. Sulle prime, semplicemente non le badai, ma quella si sgolava talmente che fui costretto a sollevare lo sguardo: sulla riva opposta a quella del campo doveva correre un sentiero, perché erano apparsi due individui adulti e un numero imprecisato di bambini. Erano tutti vestiti da escursione, ma non camminavano: per il momento, erano impietriti a fissarmi.

«Non riesci a venire fuori?», indagò, con cautela, l'uomo.

«E vallo ad aiutare, no?», lo rampognò la donna.

«Vieni di qua, giovane!», mi incoraggiò lui, senza muovere un passo verso l'acqua.

«Non posso!», gemetti. «La pentola!».

«E lasciala andare, la pentola!», si raccomandò l'uomo, mentre la donna strappava a casaccio la giuncaglia. Se era un bastone che cercava, stava guardando nel posto sbagliato, ma non ebbi la presenza di spirito necessaria a farglielo notare.

Dovevo avere ormai le labbra viola quando, a forza di gridare «Aiuto!», gli escursionisti riuscirono ad attirare l'attenzione dei Coguari ancora intorno alla tenda. Apparvero, uno dopo l'altro, Fulgor, Anatra, Alcatraz, il tennista Stromboli, Carioca e Actarus: restarono anche loro per un attimo a guardarmi, dopodiché il Capo si gettò in acqua senza neppure levarsi le scarpe, cinturò il suo novizio da sotto le ascelle e lo trascinò sulla riva giusta ancora attaccato alla pentola.

«Cosa facevi, il bagno?», domandò il vice, ma battevo i denti ed era complicato rispondere.

«Sta bene, quel poverino?», indagò la donna, la pena negli occhi.

«Meglio di prima», garantì Alcatraz, e aggiunse con noncuranza: «Lo fa sempre».

«Cos'è successo?», domandò Fulgor, grondante.

«Mi è partita la pentola... Per non perderla... Le sono andato dietro».

«Sei un grande», ammise Stromboli, e le sue parole ebbero l'effetto d'un punch al mandarino. «Ma non si gela, là dentro?».

Trovai la forza per un debole sorriso, e confidai con modestia: «In effetti è freddina».

Mi riportarono alla tenda che tremavo e, come accade fra i più giovani, la mia abnegazione venne premiata senza bisogno di ricorrere alle parole: a trasportare la pentola, stavolta, ci pensò il Capo, osservando che mai era stata così pulita, e nessuno osò prendermi in giro.

Difficilmente un novizio, anche se aveva rischiato da poco di annegare, avrebbe potuto sperare in un trattamento più favorevole, e non avrei saputo dire se era più la gioia di essere ancora vivi, o la soddisfazione di far parte della squadriglia Coguari.

# *Come si cambia*

# E tu, che dieta segui?

Come tutte le epoche veloci, gli anni Ottanta del XX secolo sembrano destinati a essere ricordati con nostalgia o esecrazione, senza vie di mezzo. Con il senno di poi, fu il decennio nel corso del quale le cose cambiarono per sempre.

Le nuove generazioni, figlie degli ex Sessantottini, avevano fatto il loro debutto in società al tempo di Brežnev e Jimmy Carter, indossando pantaloni a zampa d'elefante e trovando in casa "Linus", "il manifesto" e "Lotta Continua", ma per la metà del decennio eravamo tutti rivestiti di felpe colorate Zerododici Benetton e tessuti jeans. Portavamo i capelli tagliati corti e calzavamo con orgoglio scarpe sportive d'importazione: Nike i viziati, New Balance gli originali, Adidas tutti gli altri. Non è qui il luogo adatto per ricordare determinati prodotti rivolti ai giovani maschi, come la Gommina gel capello, o gli spray che le ragazze usavano per rendersi la chioma paglierina, e nemmeno certi fondotinta a base chimica, in grado di depositarsi in tracce bruno-arancio, indelebili come l'UniPosca, sui colletti delle camicie. Basterà ricordare che la più caratteristica sottocultura giovanile italica del tempo fu quella dei paninari, sfrenati feticisti dell'abbigliamento di marca, ricombinato in maniera così originale da farli apparire l'anello mancante fra lo zappaterra e l'astronauta: piumini rigonfi e calzettoni scozzesi in bella vista, scarpe da boscaiolo dell'Oregon e jeans istoriati di toppe non davano esattamente l'idea della leggerezza o dell'agilità, ma era conciati così che i fratellini minori degli yuppies affollavano i centri storici della Repubblica.

Che cosa mangiassero era chiarito dal loro stesso nome: hamburger, cheeseburger e patatine fritte, ma non perché andassero di fretta. Di tempo libero, anzi, ne avevano a bizzeffe, come i Vitelloni degli anni Sessanta, e lo spendevano seduti di traverso sulle selle delle Vespe posteggiate di fronte alle vetrine milanesi di Wendy, o a quelle bolognesi del Ping Pong e, più tardi, in tutta Italia, davanti a Quick, Burghy e McDonald's. Come agli sfaccendati felliniani, a loro interessava solo divertirsi e cuccare le sfitinzie, ma rispetto ai loro avi i paninari originali avevano un *penchant* per la rissa insensata, le droghe veloci e il Fronte della Gioventù; nel giro di poche stagioni, però, quella sottocultura si trovò sovraesposta, imitata da troppi e parodiata nel *Drive in* televisivo, al punto che "paninaro" diventò un semplice sinonimo di "giovane italiano alla moda".

Un giorno del 1986 compresi che anche mio cugino Luigi, il figlio di zio Athos e zia Wanda, era diventato uno di loro: all'improvviso si era tagliato i capelli come un camionista austriaco, corti sopra e lunghi dietro; ai piedi calzava gli scarponcini Timberland d'ordinanza, e indossava maglioni a rombi colorati sopra a t-shirt rosa o giallo fluo coperte dai loghi di marche da surf. Era uno sport che non avrebbe mai praticato, ma quelle magliette sgargianti avevano il merito di esaltare il suo nuovo incarnato color terra di Siena, ottenuto a forza di creme chimiche e lampade a raggi Uva.

Era diventato un'altra persona, virtualmente irriconoscibile, e le parole che gli fiorivano in bocca sembravano delineare una lingua nuova, uscita dalle pagine a fumetti del *Randa*, l'eroe di carta dei "panozzi": Luigi adesso parlava di sé come di un "gallo di Dio", e di me, purtroppo, come di un "gino", uno sfigato, come tutti quelli che non facevano parte della loro scena.

«Vado a gallare in centro» era l'annuncio con il quale avviava la Vespa PK, pronto a levarsi di torno fino a sera, quando sarebbe rientrato per cambiarsi e uscire nuovamente verso qualche discoteca, dove dimostrarsi un impeccabile "cucador" e fare a cinghiate con le bande, assai meno *à la page*, di ragazzacci in bomber e anfibi provenienti dai quartieri periferici.

«'Sti ragazzi non hanno proprio un accidente da fare», sospirava zio Athos che, all'età del figlio, lavorava già nel fine settimana come manovale. «Sono senza ambizioni e, Dio solo sa perché, è come non avessero mordente», diagnosticava, meditabondo. Si vedeva che il suo cruccio era autentico, ma intanto era dispostissimo a scucire altre cinquanta carte non appena il figliolo ne avesse fatto richiesta.

Al capo opposto del virtuale "parlamento dei ragazzi", e della catena alimentare, erano le composite tribù degli alternativi: fra metallari, punk e seguaci della musica hardcore, uniti nel rifiuto ideologico del fast food in quanto simbolo dell'Amerika di Reagan, andavano facendosi largo tendenze d'importazione che, negli anni, avrebbero segnato la storia del costume italiano ancor più profondamente rispetto alla fiammata degli hamburger e dei piumini da sci. Nei centri sociali dell'epoca, in rete con i movimenti del dissenso europei, britannici e d'Oltreoceano, suonavano ogni settimana band straniere, i cui membri non di rado manifestavano disagio per la pizza al salame da consumare fra il soundcheck e l'inizio del concerto: non sapevano, i compagni italiani, che macellare animali era una pratica barbara e imperialista? E non erano stanchi di ubriacarsi tutte le sere? Non sapevano nemmeno che in America, nel Regno Unito e in Germania andavano prendendo piede varianti radicali del vegetarianesimo, come la filosofia vegana? E del pensiero *straight edge* (niente droghe, alcol o sesso occasionale) formulato da Ray Cappo degli Youth of Today, e portato avanti di pari passo alle suggestioni Hare Krishna da un numero sempre più vasto di band, cosa ne dicevano, *those lazy Italians*?

I paninari furono addomesticati dai media, che dedicarono loro fiumi d'inchiostro, siparietti televisivi e pellicole cinematografiche, mentre i giovani alternativi dalla testa rasata o carica di trecce afro, attenti ai diritti degli animali e aperti a stili di vita non-europei, furono indubbiamente sottorappresentati da stampa e televisione.

Eppure, nello spazio di un quarto di secolo, sono quelli che mio cugino Luigi chiamava "gini comunisti" ad aver lasciato il segno più profondo nella cultura giovanile italiana: Timberland, Moncler e cinture El Charro oggi vengono portati solo separatamente per non sembrare, appunto, la parodia d'un paninaro, e nessuno è più convinto che abbuffarsi di proteine animali e patatine fritte sia un'attività ammirevole. Al contrario, prima i dreadlock, poi i tatuaggi e i piercing sarebbero usciti dai centri sociali per diventare moda negli anni Novanta e Duemila; più in generale, rispetto ai tempi della nostra infanzia, si è fatta largo nella società l'idea che serva una maggior attenzione all'ecologia, all'equilibrio fra umani e altre creature viventi, e che l'alimentazione non dovrebbe essere ispirata al principio dell'*eat all you can*.

In quegli anni, invece, era in corso una versione su scala nazionale della *Grande abbuffata*: l'Italia consumava più calorie che mai, finalmente era a disposizione di chiunque la possibilità di coprirsi di marchi commerciali come piloti di Formula 1, e chi non partecipava all'orgia del consumismo era guardato come un noioso guastafeste. I ristoranti erano sempre pieni, le dispense domestiche traboccavano di alimenti ricercati come il salmone, il caviale o l'allora onnipresente rucola, ma la *nouvelle cuisine* non aveva preso piede nel nostro Paese se non come fenomeno di costume: fuori si brindava con bottiglie ricercate e si consumavano antipasti ipocalorici di concezione francese, tanto per sembrare fichi, ma a casa ci si continuava a sfondare di frittate di pasta, lasagne e patate al forno.

Il risultato fu che, nel giro di pochi anni, la Repubblica mise su peso, e non erano tutti muscoli.

Proprio adesso che ci si poteva strafogare a piacimento, saltò fuori che ingrassare era *out*.

I golosi maledissero lo spirito del tempo, e si misero in coda con i dinamici per iscriversi in palestra. Quando però si resero conto che l'aerobica era faticosa e la cyclette anche, optarono in grande maggioranza per abbandonare l'attività fisica, e preferirono puntare tutto sul cambiamento del regime alimentare.

Iniziava così il calvario collettivo delle diete alla moda, uno degli argomenti di conversazione che gli italiani avrebbero trattato più volentieri nelle occasioni sociali: adesso tutti ti volevano raccontare quale dieta seguivano, persino al bar mentre addentavano un bombolone alla crema, oppure seduti al ristorante.

Nel pieno dei prismatici Ottanta forse non c'era in tutta la Repubblica un singolo individuo fra i diciotto e i cinquant'anni che non seguisse un particolare regime alimentare.

Il dottor Tarnower, l'americano celebre per avere firmato il libro *La dieta Scarsdale*, era considerato il nume tutelare del nuovo corso. Si parlava di lui come di un guru e di un trascinatore, anche se nessuno l'aveva mai visto altro che in foto: Tarnower era stato freddato già da qualche anno a colpi di pistola da un'amante gelosa, stanca di dover condividere le attenzioni del dottore con la giovane segretaria.

Da un tizio così, fino al decennio precedente, in Italia si sarebbero guardati tutti, invece adesso quella barocca uscita di scena sembrava aggiungere autorevolezza ai suoi metodi: grazie ai consigli postumi del dottor Tarnower, martire del benessere, persino zio Athos e zia Wanda speravano di dimagrire fino a confondersi con i modelli della "Settimana della moda", un ideale estetico che mai avevano avuto prima.

"E tu, che dieta fai?" era una domanda da prendere sul serio, ché la dieta era in grado di collocarti nella società; chi non ne seguiva nessuna, era da considerarsi infrequentabile.

Apparvero nelle scansie dei frigoriferi prodotti americani a marchio Weight Watchers, formaggi in fiocchi saporiti come carta crespa, beveroni da astronauti a firma Enervit Protein, e lattine di bibite dietetiche della Misura. Fu allora che la cucina si cominciò a confondere con la farmacia, e i più impressionabili non si sarebbero ripresi mai più: ancor oggi in tanti non riescono a pensare al sapore dello spezzatino, dei calamari alla piastra o della lattuga senza fare l'equivalenza fra porzione media e kilocalorie.

La grifagna fisionomia del deceduto Tarnower aveva segnato la stagione pionieristica delle diete italiche, ma presto si affacciò dai teleschermi una figura assai più rassicurante, che dava consigli ai grassottelli con un amabile accento napoletano, e prometteva agli abitanti della Repubblica soluzioni su misura per le complessioni mediterranee.

La dottoressa Alma Manuela Tirone, brillante scoperta delle televisioni private partenopee, dilagò in tutta Italia grazie alla pubblicità dei suoi libri e alle apparizioni televisive: con la sua figura rassicurante e matronale al tempo stesso, sapeva come bucare lo schermo e far breccia nelle coscienze. Il suo successo, in un Paese sempre desideroso di essere condotto per mano, risiedeva nel proporre tanto un impianto teorico, con le sue uscite editoriali, quanto una linea di prodotti acquistabili in farmacia, da lei stessa consigliati e garantiti mettendoci la faccia in senso letterale, dal momento che le sue sembianze erano effettivamente stampate sulle confezioni. *La dieta blocca peso della dottoressa Tirone* vendette qualcosa come 300.000 copie, almeno una delle quali finì nelle mani di zia Wanda, che subito gettò alle ortiche la Scarsdale, e cominciò a consumare in grandi quantità anche Tidepura e Tirinnova, le tisane della dottoressa.

Convinta che il metodo Weight Watchers fosse troppo punitivo, e la dieta Messegué troppo snob, la Tirone prese il controllo della coscienza di mia zia, e di parecchie altre compatriote, sino a diventarne lo spirito-guida: "Con Minilinea non rinunci a nulla", lo slogan pubblicitario d'un'altra dieta tironiana, divenne il suo jingle interiore, che ogni tanto le sfuggiva a fior di labbra. O forse era il mantra che ripeteva dopo aver consumato il suo beverone d'erbe, ché Santa Tirone tenesse lontane le tentazioni di arrosti e paste al ragù.

L'aspetto curioso della faccenda, dal punto di vista di noi minorenni usi a palestre e piscine, era che nessuna pratica sportiva accompagnasse questa ragionierizzazione del cibo: a differenza di noi, molti adulti contatori di calorie non facevano sport neanche a pagarli.

Anziché mortificarsi con costosi alimenti dietetici, non potevano uscire all'aperto e fare un po' di movimento? Era gratis, fra l'altro, ma forse proprio per questo non sembrava un'attività abbastanza ricercata. Senza contare che, se davvero zia Wanda si fosse messa in forma come Jane Fonda, dopo non avrebbe più avuto bisogno di seguire una dieta, e questo l'avrebbe fatta sentire una persona banale.

Il punto, infatti, non sembrava quello di avere un fisico da Olimpiadi, ma di poter tenere banco in società raccontando che si seguiva una dieta, ammorbando i presenti con le prescrizioni alle quali – il tempo è galantuomo, e l'ha dimostrato – *non* ci sarebbe attenuti.

In questo, forse, gli italiani della dieta Dukan non sono così diversi dai loro predecessori affidati alla Minilinea della dottoressa Tirone: pur ossessionati dalla chimera della forma, siamo molto timidi rispetto ad altri popoli per quanto riguarda l'educazione fisica, Cenerentola dei programmi scolastici e, troppo a lungo, ritenuta un orpello fascista dagli intellettuali barbuti come lo zio Arminio.

Che preferisse stare seduto a fumare era affar suo, ma la fola che curare il proprio fisico sarebbe stata una pratica di Destra non stava né in cielo né in terra: lo sapevamo persino noi ragazzini che nei Paesi del blocco sovietico lo sport era uno dei cardini dell'educazione pubblica, e gli atleti di punta godevano di privilegi impensabili per il semplice cittadino.

Da noi, invece, i pensatori più impegnati sembravano non avere mai frequentato palestre e spogliatoi, così giudicavano troppo grezzo e popolaresco persino il calcio. Anche quando le foto di Pasolini in tenuta da football avevano ormai sdoganato agli occhi dell'*intellighenzia* il giuoco nazionale, la resistenza culturale all'indossare una tuta fu enorme: ancor oggi si aggirano per la Repubblica persone intelligentissime (nella lista anche enigmisti di grido, senatori e, naturalmente, mio zio) che non ne avrebbero mai posseduta una.

# Babbo e zio Nestore

DISTRIBUITE in giro per la casa c'erano ben quattro librerie, alte fino al soffitto e stipate di libri. Un intero piano della libreria più prossima alla cucina era dedicata ai sacri testi di mio padre: l'Artusi e *Il talismano della felicità* godevano dei posti d'onore, fianco a fianco con innumerevoli ricettari antichi e moderni, giù giù fino ai numeri natalizi più recenti della "Cucina Italiana".

Il piatto che cucinava nelle grandi occasioni, i "maccheroncini alla Bacco", richiedeva qualcosa come mezza giornata di preparazione, e la cura che metteva nel tagliare ogni cubetto di mortadella era degna di un orologiaio, eppure lavorava cantando, lieto sino alla grulleria, come non lo vedevi mai quand'era seduto di fronte alle xerografie dei manoscritti cinquecenteschi o impegnato al proiettore di microfilm. Solo molti anni dopo avrei compreso che metteva nella cucina la gioia tipica di chi si lascia alle spalle un mondo fitto di parole scritte, e gode nel ritrovarsi fra odori e sapori che conobbe bambino, ancora analfabeta.

La cucina era la pancia della casa, e ognuno là

dentro tornava com'era da giovanissimo: mamma, che aveva giocato a nutrire le sue bambole come tutte le piccolette, pensava a quei pochi metri quadrati come a un luogo da gestire con razionalità, e allo stesso modo il pensiero la assisteva nel fare la spesa e cucinare. Babbo, invece, si gettava nelle sue imprese con la vena istrionica e incontenibile dell'ex *cinno* da cortile: con un frullatore in mano era in grado di sporcare anche il soffitto, ma potevi stare certo che da quel campo di battaglia sarebbe uscito vincitore, per portarci come trofeo qualcosa di insolito e gustoso. Che si trattasse d'un primo, d'un secondo o d'un piatto unico, il tacito patto fra coniugi prevedeva che sarebbe stata mamma a fare le porzioni. In ogni caso lei, prima di azzardare una forchettata, avrebbe scoccato uno sguardo carico di preoccupazione verso il piatto di babbo, per poi sospirare: «Sorbole. Oggi aumenteremo di tre chili».

Era preoccupata per la forma del marito e lui a parole le dava ragione, ma non appena mamma si distraeva, babbo era capace di farti l'occhiolino accennando alla pentola ancora piena per metà, invitandoti a servirgli il bis senza troppa pubblicità. Agli occhi di noi figli era il loro gioco, ma non c'era dubbio che, se nostra madre era troppo incline a preoccuparsi di continuo, d'altro canto babbo aveva una passione per il cibo non comune.

«L'alimentazione è cultura», ripeteva spesso, mentre si faceva aiutare a lardellare quaglie, farcire pernici o ungere leccarde, ed era felice di raccontarti nel dettaglio lo straordinario menu consumato da Edoardo III d'Inghilterra e Filippo VI di Francia quando s'incontrarono sotto le mura di Calais, per siglare una tregua nel corso della Guerra dei Cento Anni.

Nonostante il suo approccio da storico, sempre attento a tradizione e radici, babbo amava anche la cultura delle altre civiltà.

Era uso ai panini americani come alle rosette con la mortadella, e adorava le specialità del Levante: fu lui a farmi conoscere blinis, taramas e tzatziki, e sempre lui a introdurmi nel roteante mondo del kebab. A differenza di mamma, non disdegnava le uscite al ristorante cinese, dove potevo esercitarmi a catturare con le bacchette tocchi di carne caramellata, bocconi di ravioli alla soia e altri sapori fin lì sconosciuti.

Mio padre e zio Nestore erano fratelli ma, in fatto di alimentazione, avevano costumi molto diversi: babbo amava cucinare ed era curioso di provare specialità iberiche, bretoni e turcomanne, mentre lo zio non possedeva nemmeno un grembiule, e continuava a mangiare all'antica.

Quell'uomo dallo sguardo furbesco e i baffi spioventi da pistolero sapeva apprezzare la tradizione alimentare dell'Alta Italia come quella del Mezzogiorno, ma si vantava di non essere mai entrato in un ristorante che proponesse cucina forestiera. A sentir lui, i cinesi ti servivano gatto all'arancia e gatto alle mandorle, ed era un grande raccontatore di leggende metropolitane che vedevano gente macellata, fatta a pezzi e servita con i germogli di bambù ad allegre tavolate di colleghi della vittima.

«È successo a gente di una ditta che conosco bene», ti giurava. «È stata la segretaria, a ritrovarsi nella scodella il dito del direttore commerciale. Era sparito da una settimana e l'hanno riconosciuto dall'anello».

Nonostante l'indubbio orrore di quella scena, non c'era verso di sapere il nome della ditta, o cosa ne aveva pensato la polizia. Era come se il racconto andasse preso in senso trasfigurato, simbolico o metaforico, in ogni caso spostato verso la dimensione delle fregnacce.

«Ma lo sapete come friggono le patatine, da Burghy?», era capace di uscirsene, serio come quando ti aveva confidato di far parte della Carboneria. «Usano lo stesso olio per un mese! Un mese, parola! Me l'ha confidato un amico che lavora in quel ramo, e non ha nessun interesse a raccontare balle».

Zio Nestore era rappresentante di vernici industriali e il suo lavoro lo portava sempre in giro per l'Italia a incontrare grossisti e clienti: doveva essere grazie a quella marea di conoscenze che metteva insieme il suo repertorio di leggende da riferire all'indicativo, come fatti certi, e non di rado sigillati dall'esclamazione definitiva: «L'hanno anche detto in tivù!».

Magari in tivù, la sera prima, avevano annunciato che una pantera era fuggita dalle gabbie del circo e vagava per le colline dell'Irpinia, ma nella versione di zio Nestore la fiera era già stata avvistata alle porte della nostra città. «È spuntata all'alba sul parcheggio del Centergross, e ad avvistarla è stato un magazziniere che conosco bene. Quello c'è rimasto secco ma, per sua fortuna, la bestiona ha visto un camion in arrivo, si è presa paura ed è scappata chissà dove».

Quand'era in città, lo zio faceva base in un appartamento da scapolo che svolgeva anche la funzione di magazzino: secondo mio padre, Nestore là dentro non si era mai cucinato nemmeno un piatto di spaghetti. «È mio fratello e lo conosco bene: quel cristiano è vent'anni che mangia fuori a colazione, pranzo e cena», spiegava senza nascondere l'esecrazione. «Ha cominciato da studente, quando si andava da Lamma, sotto le Due Torri, a ordinare per due lire tonno, cipolla e fagioli. Poi, al militare, ha preso l'abitudine di pranzare in latteria, quando ti servivano ancora frittate e formaggi. E, da quando ha aperto la partita Iva, dice che mangiar fuori gli conviene: sarà per questo che non si è mai sposato...».

Socievole ed errabondo com'era, Nestore sapeva consigliarti un'imperdibile trattoria a buon mercato in qualsiasi angolo d'Italia, e spesso i parenti ricorrevano ai suoi consigli in occasione di trasferte lavorative o viaggi di piacere.

Una volta gli diede retta anche mio padre e il risultato fu che finimmo con mamma e il cadetto in un chiassoso ristoro per camionisti sullo stradone di Occhiobello.

Mangiammo male, e mamma dovette pranzare a testa bassa per evitare gli occhiolini dei clienti più ubriachi.

Alle rimostranze di babbo una volta tornati in città, però, zio non si scompose. «I casi sono due», stabilì. «O è cambiata gestione, o avete proprio sbagliato posto. Dove dico io ci sono i profumi nei bagni a disposizione dei clienti».

Dov'eravamo stati noi, invece, nei bagni sarebbe stato opportuno entrare armati.

«Poche balle, Nestore!», si scaldò babbo, e insistette che il posto era proprio quello consigliato dallo zio pochi giorni prima.

Lo zio allora schioccò la lingua, come non sapesse spiegarsi cosa poteva essere andato storto e, senza darsi per vinto, insistette che saremmo dovuti tornarci insieme a lui. «Ci tratteranno bene», garantì, ma mio padre non ne volle sapere e, da quel giorno, "i consigli di Nestore" divenne in casa nostra un'espressione proverbiale.

# La vita da single

Potevo avere tredici anni. Mio padre, di conseguenza, quarantatré.

Mamma era fuori città per qualche giorno insieme al cadetto, e noi ci due ci trovammo a casa da soli, liberi di fare quella che babbo chiamava "la vita da single". Rispetto all'esistenza ordinaria, il programma prevedeva variazioni interessanti: non sembrava obbligatorio consumare verdure cotte e ci si potevano concedere porzioni più abbondanti di quelle servite da mamma. Senza contare che eravamo liberi di aggirarci per la casa in mutande, come pescatori di corallo, senza che nessuno s'offendesse; inoltre si poteva ascoltare a tutto volume *Uno dei Mods* di Ricky Shayne, e il bagno era quasi sempre libero. A questo si aggiunga che l'orario della buonanotte era stato posticipato al fischio finale delle partite di Coppa in tivù, e non si stenterà a capire come mai, per parecchi anni, la vita da single mi sarebbe apparsa l'esistenza ideale.

In quelle stesse sere, la visione di *Vado a vivere da solo* con Jerry Calà avrebbe corroborato la mia convinzione, solidificandola in fede cieca: anch'io dovevo vivere senza una moglie dentro un appartamento spazioso come un hangar, privo di stupide pareti che lo suddividessero in stanze. Un *loft*, così si chiamava. Una volta arredato con un congruo numero di flipper, il biliardo, il calcio balilla e i cabinati di PacMan, ci avrei invitato l'intera squadriglia Coguari. Mio cugino Luigi, invece, solo se diventava meno stronzo.

«Dopo dieci anni ho rivisto l'amìììco Bob», si sgolava mio padre, suonando una chitarra immaginaria di fronte al tavolo da lavoro, carico di documenti e libri squadernati. «Con una giacca di cuoio con scritto sùùù... "Giorno per giorno io vivo, io sono Mod", era firmato da Bob, uno dei Mods!».

«Uno dei Mòòòds!», mi unii al suo coro, saltellando in preda all'esaltazione, e nessuno protestò che sembravamo pazzi.

«A Liverpool c'eran milley dei Mods», riprendeva quota la voce di babbo, simulando un potente accento british. «Il loro cap-po era l'amico Bob. Erano milley ma i Rockers di più. Erano forti, piufforti dei Mods!».

Nella seconda parte il pezzo si faceva più ritmato, e gli strumenti registrati sul 45 giri erano accompagnati da rumori di rissa in sottofondo: grida concitate, bottiglie rotte, sedie che andavano in frantumi. Le parole le conoscevo anch'io – altamente drammatiche – e potevo cantarle insieme a babbo e Ricky Shayne: «Pugni e catenne eran contro di noi! Vidi qualcun-no cadere da eroy! Wo-mini veri lontanni da mè! Venni colpit-to alla testa, Di-oh!».

La forza primordiale del beat si era impadronita di noi: danzavamo come non avevamo mai fatto, sordi alla curiosità dei vicini che andavano affacciandosi alle terrazze, per spiarci dalla finestra del salotto. Personalmente, non mi disturbavano: aspettavo solo che babbo lanciasse in cortile la prima sedia, per fracassare altra mobilia e abbattere insieme i muri.

Invece, non appena la puntina ebbe finito di percorrere il solco, disse: «Ti va di preparare un piatto indiano, stasera?».

«Indiano pellerossa?», domandai speranzoso.

«Indiano indù», rispose. «Ma forse anche pakistano. Riso col pollo al curry. Una ricetta che unisce i popoli e non impegna troppo nel lavaggio dei piatti».

L'ultima volta che l'aveva detto, avevamo preparato le frittelle alla Samarcanda con mela cotogna, miele e cannella, ed eravamo riusciti a sporcare persino i ripiani interni del frigo. «Lavi tu?», indagai.

«D'accordo», mi sorprese. «Io lavo, e tu cucini».

Il toc toc del disco che girava a vuoto m'indusse a ricavare un momento di pausa: tempo di risistemare il braccio sul suo supporto, e avrei dovuto comunicare la mia decisione.

«Ti va se metto su i Beatles?», presi tempo.

«Non le *Golden Hits*, però. Metti il *White Album*», dispose babbo. Non avevo fatto in tempo a sfilarlo dalla scansia dei dischi, che aggiunse incalzante: «Allora, cucini o devo uscire a prendere due pizze?».

La pizza a casa, novità delle ultimissime stagioni, non mi faceva sfrizzolare il velopendulo. Per quanto potesse essere buona, e arrivare ancora calda, mancava sempre la pizzeria intorno, col suo portato di vita vera, famiglie di ciccioni e famiglie di smilzi, coppie litigiose e altre amorevoli, rappresentanti di commercio ciarlieri e donne sole. «Mi spieghi tu cosa fare, però».

Avevo accettato. Adesso avrei dovuto preparare la cena.

«Bene bene», considerò mio padre. «È ancora lontano il giorno in cui lavorerai per me, ma intanto potrò dire che una cena me l'hai preparata». Diede un sospiro, poi aggrottò le sopracciglia ed entrò in modalità operativa. «Cominciamo da un bel battuto di sedano, carote e cipolle, che non si sbaglia mai. Poi tagli il pollo a tocchetti e lo metti a rosolare. Quindi aggiungi le spezie e un mezzo litro di latte, e lo fai andare a fuoco lento sbriciolando pinoli».

«Stai inventando?».

«Pura ricetta indù-pakistana», garantì. «Loro usano il latte di mucca indiana. Sacro. Ma andrà bene anche il Granarolo».

«Mi metterò un turbante, allora», sospirai, mentre salivano dalle casse dello stereo le prime, supersoniche, note di *Back in the U.S.S.R.*

«Ma dimmi una cosa», fece, scortandomi in cucina. «Ti va se invitiamo zio Nestore?».

«Le donne sono sempre convinte che da soli saremmo spacciati», osservò babbo facendo saltare il tappo alla seconda birra. «Invece guarda qui. Si sta da papi».

«A me lo dici?», fece Nestore, agitando nella destra la sua bottiglia ormai vuota per metà. Per lui doveva essere la quarta, e non era arrivato che da un'ora. «Con rispetto parlando, prima di mettermi in casa una donna, aspetto di avere sessant'anni», ci informò. «Lei, invece, a quest'ora va ancora all'asilo».

Sedevo con loro, fiero che lo zio mi avesse visto mentre cucinavo con il grembiule e il turbante in testa: mi ero limitato a seguire passo passo le disposizioni di babbo, facendomi aiutare nei passaggi-chiave, ma nessuno avrebbe potuto negare che la cena era, sostanzialmente, opera mia. Zio Nestore aveva dovuto ammettere che gli indù mangiano meglio di quel che non pensasse, e col giro dei bis la pentola era stata ripulita. Adesso, non mi restava che godere del fresco della serata e della compagnia degli adulti, centellinando il mezzo bicchiere di birra che costituiva il mio premio.

«A parte le sboronate, Nestore», premise mio padre, seduto a capotavola, «hai una compagna, in questo periodo?».

Il tono accorato di babbo invitava alla sincerità, e zio, che occupava il posto di fronte di me, assunse un'aria contrita. Persino le estremità dei suoi baffi sembrarono ammosciarsi, depresse da quell'interrogativo. Poi a zio Nestore spuntò in volto un mezzo sorriso, mi strizzò l'occhio e disse: «Quando andrai all'università, mi presenterai tu una brava ragazza, d'accordo?».

«Lui non farà l'università», annunciò babbo a sorpresa, e mandò giù un altro sorso.

Ero in attesa che comunicasse quale sarebbe stato il mio destino, ma la faceva lunga e zio ebbe agio di esclamare: «Non vorrai che si faccia prete, spero!».

«Carriera militare», annunciò babbo. Non era la prima volta che ne sentivo parlare, ma quella sera sembrava più convinto che mai. «Negli Ussari della Morte. Anzi, nei Lancieri di Montebello, che suona meglio».

«Più fichi gli Ussari», commentai. «Ma mica esistono più. Io voglio andare nella Legione Straniera».

«Senti senti», mormorò zio Nestore. «E hai già scelto il tuo nome da legionario?».

«Mica puoi andarci con il tuo vero nome», approvò babbo. «Se si viene a sapere che sei mio figlio, sul lavoro mi mettono ai margini. Mica piacerebbe a tutti, il fatto che ho un figlio legionario».

«Idee sul nome?», domandai a zio.

Stavolta il più veloce fu babbo. «Jacques Le Goff?», propose.

«Che ne dici di Russ Mayer?», fece Nestore.

Ci pensai su mentre si accendeva una Camel. Per non scontentare nessuno dei due – in fondo suonavano entrambi nomi credibili – valutai brevemente di presentarmi al centro d'arruolamento come Russ Le Goff. Non appena provai a figurarmi la scena, però, mi accorsi che sembrava un nome da finocchio. «Jacques Mayer», annunciai allora. «Detto Jack. Anzi, Jack Mayer».

Quello sì che era un nome da legionario.

Zio Nestore bestemmiò in tono così tenero che babbo non se ne ebbe neppure a male. «Che c'è?», domandò solo.

«Tuo figlio», disse, e mi accorsi che aveva gli occhi lucidi. «Mi sembra ieri che si cagava addosso...».

«Oh, lo fa ancora», stemperò la tensione mio padre.

«Babbo!», protestai.

«Cosa fai, Nestore? Piangi?».

«Oh, mi viene da zigare!», protestò, asciugandosi

il naso col dorso della mano. «Per via del tempo che passa. È una puttana balorda, no?».

Mio padre mi guardò turbato. Se zio non si calmava, presto sarei stato spedito in camera mia.

«No, dico», assunse un tono più rilassato. «Guardalo! È qui con noi che beve la birra!».

Per un attimo, mi sentii prezioso come quei ragazzini che, secondo i tibetani, sarebbero la reincarnazione del Budda. A differenza di quanto avrebbero fatto loro, però, diedi una sorsata alla birra per dominare l'emozione.

«Prima non si poteva. Ma non sai quante cose ho da insegnarti», svelò, compiaciuto, zio Nestore.

Sorrisi. Ero ansioso di cominciare le lezioni.

«Dovremmo farle più spesso, queste serate fra uomini», considerò babbo, valutando la pila di stoviglie da lavare.

«Già», approvai. «Magari anche fuori».

Babbo sollevò le sopracciglia. In qualche modo l'avevo irritato. Nestore, invece, allungò un buffetto a suo fratello, soffiò via il fumo e aggiunse: «Fa mica male, ogni tanto, uscire a controllare se c'è ancora della patata in giro».

Mio padre scosse la testa e zio insistette: «Tuo padre ne vede già per lavoro, di pollastre ventenni. Ecco perché fa tanto il santerellino quand'è a casa».

«Nestore!».

«Scherzavo, Madonna buona! Sei permaloso come da piccolo!».

«Tu invece eri più simpatico», ribatté, acido, il padre del legionario Jack Mayer.

Grazie alla mia capacità di indossare un turbante e cucinare piatti speziati, mi avrebbero certamente destinato a una missione nel subcontinente indiano.

«Ti va un nocino?», riprese quota la voce di babbo.

«Massì, che si vive una volta sola», rispose Nestore, nell'atto di spegnere la sigaretta nel posacenere in cristallo a forma di ananas, un regalo di nozze ricevuto tre lustri addietro dai miei, come d'altronde buona parte dell'arredamento che ci circondava. «La prossima volta, però, facciamo come dice il giovane», riprese. «Conosco un posticino dove andiamo a mangiar bene e spendere pochissimo».

«Se è un consiglio di Nestore, stiamo freschi», commentò babbo cercando la mia approvazione.

«Lo sanno tutti che il Lurido è un posto imperdibile!», insistette lo zio.

«Fa proprio venire voglia, con un nome così», lo stuzzicò il fratello.

«Sai cosa ti dico?», replicò Nestore. «Se tu non vuoi venire, ci porto il giovane».

«Posso andarci?», domandai raggiante a mio padre.

Se l'avessi colpito con un manrovescio a tradimento, avrebbe reagito con meno stupore. «Be'», incassò il colpo. «Mi stai chiedendo, praticamente, se ho qualcosa in contrario a che mio figlio esca a cena insieme a mio fratello?». L'aveva presa larga, ma stava arrivando al punto. «Dal Lurido», soggiunse, poi finì la sua birra e diede una scrollata di spalle. «E perché no?», disse poi. Si massaggiò il naso come gli prudesse, e considerò asciutto: «Siete zio e nipote, voialtri».

# A cena dal Lurido

Zio Nestore si fece implorare per qualche tempo, ma il primo giorno dell'estate 1988 mi portò finalmente a cena dal Lurido.

Venne a prendermi con la sua Alfa 33 da poliziotto in borghese, mentre mi aggiustavo davanti allo specchio la camicia a quadretti gialli e granata scelta per l'occasione, e fu il cadetto ad avvertirmi ch'era arrivato.

«Sicuro che non posso venire anch'io?», domandò in extremis, mentre mi profumavo di frodo con il Drakkar Noir di babbo.

«Sicurissimo», confermai. «Può uscire con zio Nestore solo chi ha finito la scuola dell'obbligo».

«Lo dici solo perché hai appena fatto l'esame di terza media!», protestò il cadetto.

«Esattamente», lo frustrai. «Devo andare alle superiori, dopo l'estate. Tu in quinta elementare, se non sbaglio. Ecco perché io esco e tu stai a casa».

Mio fratello mi fissò smarrito mentre mi dirigevo un'estrema spruzzata di Drakkar sulla chioma, quindi abbassò il capo, si portò un pugno alla bocca e, con la coda dell'occhio, mi sembrò che lo mordesse. «Ma stasera c'è Germania Ovest-Olanda!», gemette, con una vocina che avrebbe fatto pena al boia. Ma per suo fratello maggiore, uscito dalle scuole medie in piena voga ormonal-suprematista, non bastò.

«Cazzi tuoi», lo gratificai. «Io la guardo con Nestore».

Disperato, tentò di frapporsi fisicamente tra me e l'uscio, ma aveva nove anni e non fu difficile spostarlo di peso. «Dal Lurido hanno una televisione bellissima», infierii guadagnando il corridoio.

«Gli Europei ci sono solo ogni quattro anni», mi ricordò, supplice. «Se mi vuoi bene, guardi la semifinale con me!».

Tesi le dita delle mani e unii il palmo destro al sinistro, lasciando che ogni dito riposasse addosso al proprio gemello; poteva sembrare un gesto di preghiera, ma se scuotevi le mani con aria di celia, lasciava intendere una supplica specifica. «Taglia corto!», intimai. «Io e te abbiamo da vedere domani Italia-URSS».

Il clacson dell'Alfa risuonò fin dentro l'appartamento, e mi dispiacque che babbo si fosse affacciato in terrazza per parlamentare con il fratello: cosa temeva, che lo zio mi conducesse in una casa di tolleranza?

«Comportati bene», si raccomandò mamma. Non era mai troppo brava a nascondere la preoccupazione. «E non bere».

«Stai tranquilla, mamma. Facciamo due chiacchiere mentre si mangia qualcosa, poi mi riporta a casa», assicurai, e rimasi a guardarla sperando che indovinasse il particolare mancante. Per aiutarla, senza smettere il sorriso, sfregai il polpastrello dell'indice contro quello del pollice.

«Gli date dei soldi?», indagò, puntuale, il cadetto. Era nascosto alle spalle della genitrice, ma non si era perso un gesto. «Li voglio anch'io!».

«Offrirà Nestore, vedrai», garantì mamma, però le bastò infilare la destra nella tasca dei bermuda perché spuntasse fra le sue dita una banconota arrotolata da dieci. Tentò di allungarmela con la noncuranza dei cambiavalute di strada, ma il cadetto notò il movimento e si mise a strillare: «Dieci sacchi, li ho visti benissimo! Ce li ha lui, adesso!».

Mi toccò fuggire per le scale, saltando i gradini tre a tre, e mi lasciavo dietro una scia di Drakkar Noir che avrebbe stordito qualsiasi inseguitore.

«Perché solo a lui?», gemeva mio fratello, la voce tirata sino al falsetto.

«Vieni dentro!», tentava di ridurlo alla ragione mia madre. «Ne parliamo in casa!».

Solo quando il pesante portone del palazzo si richiuse alle mie spalle, però, l'eco dei concitati reclami fraterni si disperse del tutto, e lasciò spazio a una nuova salva di clacson.

«Allora, legionario?», domandò Nestore mentre imboccava contromano via dal Lino. «Le hai suonate di dritto e di rovescio, a quegli stronzi?».

Nessuno stava scendendo la strada nel senso previsto per la marcia, così mi sentii libero di rispondere: «Quali stronzi, zio?».

«I professori della commissione. Li hai fatti vergognare o no?».

«Mi hanno dato "ottimo"», lo informai.

«Ottimo», ripeté. «Allora stasera bisogna festeggiare».

Il muso dell'Alfa si affacciò sulla strada maestra giusto in tempo per suscitare un concerto di proteste da parte di una piccola carovana d'utilitarie, intenzionate a svoltare giù per via dal Lino. Eravamo noi a occuparne l'imboccatura ma, anziché levarsi di mezzo, lo zio sollevò polemicamente le mani dal volante.

«Cosa devo fare, impiccarmi?», domandò attraverso il finestrino. «Sono capitato qui per sbaglio», sostenne, quindi inserì la marcia e, facendo segno a tutti di stare fermi, cominciò ad aggirare la carovana per inserirsi sul lato opposto della carreggiata, in piena corsia preferenziale. «Di qui si fa prima», riprese slancio, ignorando le maledizioni che quegli altri, ripartendo rabbiosamente, lanciavano al nostro indirizzo. «Tanto gli autobus non passano mai».

«Fai sempre così?», domandai incredulo.

Per tutta risposta fece rombare il motore sulle marce alte e la vettura risalì il pendio della strada come fosse una rampa di lancio, per infilare l'arco del Meloncello a favore di semaforo. Adesso voleva correre e, all'uscita della curva di villa Spada, per un pelo non mandò gambe all'aria una signora in bicicletta.

«E stai buona, vecchia megera!», replicò nello specchietto alle rimostranze di lei. Sembrava posseduto e, sfanalando per avvertire di stargli alla larga, infilò in controsterzo via Bellinzona.

«Zio!», protestai. «Sei diventato matto?».

Zio Nestore sorrise debolmente alle mie proteste e, lo sguardo incollato alla strada che si faceva tortuosa, annunciò: «Variante alta per la facoltà d'ingegneria!».

Infilò via Belluzzi come fosse al Rally della Corsica, quindi innescò un disperato sprint, e accettò di assumere un'andatura più consona a un centro urbano solo quando la torre in mattoni della facoltà fu alle nostre spalle. «Sei pazzo?», chiesi, con il cuore in gola, mentre la folle corsa si spegneva lungo il piano inclinato di via del Risorgimento.

«Cinquantotto secondi!», esclamò, controllando l'orologio d'oro, da giostraio, che portava al polso. «Meno di un minuto, giovane!».

«Ma perché hai corso così?», domandai, inchiodato a bordo dell'Alfa che ora, nuovamente domestica, s'incanalava nel traffico dei viali di circonvallazione.

Zio Nestore scrollò le spalle e sostenne: «Ognuno ha le sue cabale. Magari per un altro non conta niente, ma io ho tre o quattro percorsi, qui in città, sui quali amo pigiare sull'acceleratore. Mi prendo il tempo da solo, e vedo se sono ancora in gamba come a vent'anni».

Gli automobilisti in mezzo ai quali guidavamo adesso non ne sapevano nulla, con grande beneficio della loro personale tranquillità, e ora che l'avevi visto far fischiare le gomme e affrontare le curve con un assetto al limite del testacoda, era stupefacente che mettesse la freccia per reclamare, educatamente, la corsia sinistra.

«Correvi in macchina, da ragazzo?», domandai.

«Correvamo tutti», ricordò, e aggiunse: «Allora si poteva fare».

«Anche mio padre?».

«Tuo padre no», rispose senza esitazioni, poi lo vidi sorridere e disse: «Ma lo sai, che una volta ho fatto tutta la strada della Futa in retromarcia, da porta Santo Stefano fin su alla Raticosa?».

«Giura!», lo incalzai.

«Era estate e la scommessa era di arrivare prima dell'alba. Fino a Pianoro tutto bene, poi comincia l'inferno delle curve. A Loiano dovetti fermarmi: avevo la vista annebbiata e mi tremavano le mani, ma era ancora buio pesto, e non mancavano che pochi chilometri». Zio tacque. Il cassero di porta San Felice ingigantiva in fondo alle tre corsie del viale, ormai vicino, e non capii perché zio si fosse zittito.

«Ti sto annoiando?», domandò.

«Macché», garantii. «Raccontami com'è andata a finire».

Diede una sorta di grugnito di autorassicurazione, quindi riprese: «Così buttai giù un antidolorifico, risalii in macchina e passai anche Monghidoro. Non scorderò mai gli occhi dei primi contadini che uscivano in trattore, quando mi videro imboccare in retro le rampe della Raticosa. L'ultimo pezzo è il più duro, ma ormai sei lì, e non ti fermerebbe neanche il diavolo in persona».

«Cos'hai vinto?», andai al sodo, ma lui mi guardò come non capisse la domanda.

«Qualcosa avrò vinto», borbottò, deluso. «Ma il sugo non stava nel premio. Ho dimostrato che era possibile farlo. E gli altri hanno pensato che io ero un drago, a cominciare dalle sbarbe».

«Giusto», mi allineai. In fondo eravamo tutti uguali: eravamo pronti a rischiare la vita pur d'impressionare gli altri, e di preferenza le ragazze.

Non ero forse mosso da impulsi analoghi, quando improvvisavo frenate in testacoda davanti alla scuola con la mia BMX? Non mancavo di controllare che la Semprini Jennifer di III C potesse ammirarmi e, una volta ultimata la manovra, dirigevo il biciclo giù per la cunetta erbosa che menava al campo in cemento da basket, per chiudere l'esibizione con una prova di tenuta fuoristrada. Lo raccontai a zio Nestore mentre posteggiava con precisione millimetrica lungo i viali di circonvallazione, ma il mio rituale di corteggiamento non sembrò impressionarlo.

«Forse avresti più successo in moto», commentò, agro, mentre scendevamo dalla macchina per avviarci lungo il marciapiede.

Con la sua franchezza poteva farti male e mi congratulai con me stesso per non avergli rivelato di quella volta che un sorriso della Semprini mi aveva distratto a metà dell'opera: ne era seguito un istante d'oblio ad alta velocità, dal quale mi ero ripreso ormai lanciato a scapicollo giù per la cunetta. Solo allora avevo realizzato che, nel campo sottostante, era in corso una combattuta partita fra sedicenni. Impossibilitato a frenare in tempo utile, ero sceso in picchiata sul playground strillando: «Largo, gente!». Già mi vedevo travolgere i corpi accaldati dei ragazzi, ma una pallonata in fronte, scoccata da metà campo con precisione da cecchino, mi aveva disarcionato prima che potessi nuocere ad alcuno.

Zio mi camminava due passi avanti e l'unica insegna che sporgesse sul prosieguo del marciapiede era quella d'una marca semisconosciuta di caffè.

Per un attimo pensai che Nestore mi stesse conducendo, per scherzo, dentro un semplice bar, invece, non appena si trovò davanti alle vetrine illuminate del locale, si volse verso di me e disse in tono solenne: «Benvenuto dal Lurido. Che tu ci creda o no, il posto è consigliato persino sulle guide francesi. Loro lo trovano pittoresco».

Intravedevo, alle sue spalle, un bancone sormontato da una cascata di reti da pesca appese al soffitto; una disordinata panoplia di specchi pubblicitari sorvegliava le spine della birra, oltre le quali la bocca d'un forno a legna rimandava ombre di fiamma.

Sembrava una pizzeria come tante altre, ma non commisi l'imprudenza di farlo notare a Nestore. Lo seguii all'interno in rispettoso silenzio, anzi, e subito un ometto dalla testa calva e l'epa pronunciata venne a darci il benvenuto. «Quale onore, dottori!», esordì, con il suo timbro adenoidale del Mezzogiorno. «Renderci visita la sera del giorno più lungo dell'anno!». Portava la camicia aperta sino a metà del petto, lasciando intravedere una catena d'oro della Vergine, e una canottiera che gareggiava in lerciume col grembiule che l'uomo portava appeso intorno alla vita.

«Buonasera, Fernando», lo salutò rispettosamente zio Nestore, e compresi che il gestore non andava chiamato Lurido se non dietro le spalle.

Una mezza dozzina di tavoli in formica e alluminio arredavano la sala, che fronteggiava il bancone e, sotto i fiaschi polverosi in mostra sulle mensole e i poster di Maradona appesi alla parete in perlinato, sedevano solo una coppia di militari e una puttana non più giovane. Erano intenti a filosofeggiare sul costo della vita, portando ciascuno i propri argomenti, e potevi domandarti se zio Nestore ti aveva preso in giro ancora una volta, o se davvero qualche redattore francese di guide turistiche aveva trovato pittoresco quell'ambiente, squallido quanto un posto-ristoro ferroviario nel Paese della rogna.

«Ci accomodiamo in saletta o scendiamo in sala grande?», domandò, cerimonioso, Fernando il Lurido, e mio zio fece cenno che avrebbe volentieri scelto un tavolo nell'ambiente principale.

Zoppicando e reggendosi al bordo del bancone, il gestore ci precedette verso l'adito, sormontato da un pacchiano arco in cartongesso che dava sulla sala. Passammo di fronte alle cucine, dove intravidi una donna anziana e una più giovane al lavoro, entrambe vestite di bianco come infermiere. Un giovane alto e pallido presidiava la bocca del forno a legna; non diede mostra di vederci, ma zio domandò al Lurido: «Come procedono, gli studi del dottorino?».

«Chi ci capisce è bravo!», sospirò l'altro, arrestandosi a indicare il figlio, sempre impalato come il monumento al pizzaiolo ignoto. «Adesso deve dare diritto penale, 'sta capa tosta, e speriamo che non gli danno l'ergastolo!».

Evocata la massima pena, ci introdusse nel secondo

ambiente: il lato verso le cucine era presidiato da una colossale vetrina nella quale facevano mostra di sé un po' tutte le specialità della Repubblica, dai piatti di tradizione marinara come polpo e seppie, ai prosciutti e alle provole, passando per vassoi di supplì, olive all'ascolana e calzoni fritti. Su tutto sembrava essersi depositata, impietosa, la patina del tempo, convertendo in malsano ciò che un tempo era stato succulento, e bagliori verdastri di muffa sembravano minacciare da più direzioni l'abbondanza di quella natura morta.

Andai a sedermi, quasi ipnotizzato, di fronte a zio Nestore, e gli fui grato quando respinse la proposta del Lurido d'un "bel menu degustazione mare e monti". «Ci faccia preparare due schiacciate, Fernando», dispose. «Le solite schiacciate con la provola, un piatto di polpette da condividere, e due birre».

«Benissimo, dottori», il Lurido registrò la comanda. Solo quando si fu allontanato, mi resi conto che ci eravamo seduti di fianco a una nuova tavolata di militari e che il locale era privo di televisione.

«Giocano Germania Ovest-Olanda, stasera», ricordai, timidamente, a Nestore.

«Bene. Spero vinca l'Olanda», rispose, con il più onesto dei sorrisi. «Amichevole?».

«Semifinale degli Europei», ribattei, scandalizzato. «Noi giochiamo l'altra domani contro l'URSS».

La sua mancanza di trasporto verso la Nazionale sfiorava la lesa maestà, eppure era lui che mi osservava incuriosito. «Posso farti una domanda?», premise e, al mio assenso, affondò il colpo: «A te cosa cambia, davvero, se vincono o perdono?».

Avevo riposto grandi speranze in quell'uscita, ma stavo cominciando a invidiare mio fratello, che a quell'ora doveva essere seduto sul divano, in apnea di fronte ai duelli fra Lothar Matthäus e Ruud Gullit.

«Il calcio è uno specchietto per le allodole», bestemmiò zio, poi fece un gesto come per sgomberare il tavolo da quei discorsi, e osservò che la mia camicia a quadretti gialli e granata era uno schianto.

«Grazie», dissi. «Quando i miei mi lasciano scegliere cosa comprare, va sempre bene. È quando mamma mi fa le sorprese, che iniziano i problemi».

In quella il Lurido tornò con due birre: le depose sull'orlo del tavolo e, simulando con la bocca due "pfff" ravvicinati, finse di stapparle. «Belle fresche», ebbe il coraggio di aggiungere. Doveva avere riempito le bottiglie con i resti degli avventori precedenti, e provai un brivido pensando a tutte le donnacce che dovevano essere passate da lì.

«L'hai visto?», domandai a zio non appena il padrone si fu allontanato. «Ha solo fatto finta di aprirle!».

«Qui si beve una birra speciale», commentò, mentre si versava stoicamente un bicchiere di quell'intruglio torbido e sgasato. «La Reimbottigliata del Lurido».

Abituato in casa, consideravo le peripezie alimentari della squadriglia Coguari come un accidente dettato dal fatto di trovarsi all'aperto. Ora, invece, dovevo ammettere che un mio parente di sangue si sottometteva volontariamente, nell'agio della città, a pratiche non meno discutibili delle nostre pastasciutte gusto fango e brecciolino.

«L'importante, qui, è non ordinare i frutti di mare»,

mi mise in guardia zio Nestore, e buttò giù un sorso di Reimbottigliata. «Sono già stati male in troppi e una volta...».

«Cosa?», domandai, intercettando i riflessi lividi del pescato in decomposizione dietro la vetrina.

Quando ritrovai lo sguardo di mio zio, le sue sopracciglia erano sollevate, e si stava passando lentamente il pollice sotto la gola. «Colera fulminante», sillabò. «Morto nello spazio d'una notte».

«Dici davvero?».

«Te l'ho detto», mostrò i palmi mio zio. «Basta non ordinare i frutti di mare. La provola è sicura, e anche i fritti vanno via bene, così non dovrebbero essere più vecchi di tre o quattro giorni».

Ero sbigottito, ma quando uno dei militari posò sul tavolo la radiolina a transistor, e le parole della telecronaca arrivarono a scaldarci, mi dissi che in fondo quel posto non era così male. Le squadre erano andate al riposo sullo zero a zero, e la schiacciata con la provola fusa era persino appetitosa.

Al gol su rigore di Matthäus mi azzardai a bere un sorso di Reimbottigliata, poi arrivarono le polpette e il pareggio, sempre su rigore, di Ronald Koeman.

Mentre provavo a indovinare da quali animali derivasse la pietanza, zio Nestore mi spiegò che, per un uomo di mondo, era essenziale trovarsi a proprio agio anche nei locali più alla mano. «Solo così potrai apprezzare i grandi ristoranti. E allo stesso modo dovresti regolarti con le donne».

«Cosa intendi, zio?», domandai, mentre l'Olanda

attaccava per folate, accendendo d'entusiasmo la tavolata dei militari.

«Son buoni tutti, a farsi piacere le belle fiche», sospirò, sfilando dal taschino il pacchetto di Camel. Mi piantò gli occhi in viso e aggiunse: «Solo se davvero sei un artista, invece, trovi l'ispirazione per farti anche i bidoni».

Lo fissai indeciso se applaudire o chiamare il Telefono Azzurro, e lui proseguì, la sigaretta spenta appesa all'angolo della bocca: «La curiosità, a volte, ci muove a gesti inconsulti. Crediamo sia la pietà, a dettarci certi impulsi, ma in verità è sempre la stessa fottuta voglia di sapere come andrà a finire».

Mi accorsi che fissava qualcuno dietro le mie spalle, e non potei astenermi dal girarmi in maniera plateale: arrivava dalla cucina la figlia del Lurido, tette enormi in movimento sotto il grembiule e la fruit sozzi di oli, grassi e pigmenti sconosciuti.

«Quanto sei bella, Rosa», sibilò zio Nestore, e quella si fermò a fissarlo con aria di rimprovero.

Stavo sperimentando su me stesso gli effetti di una breve era glaciale, ma Rosa dissolse l'imbarazzo con una battuta: «Quando vorrete sposarvi, dottore, ricordatevi di me. Prima, non fateci neppure un pensiero, ché sono una ragazza onesta».

Onesta non avrei saputo dire, ma bella non era sicuramente. Nestore, tuttavia, le sorrise lisciandosi i baffi come un brigante, e Rosa distolse lo sguardo supplicando in maniera teatrale: «Non guardatemi così, ché mi fate sentire tutta un fremito».

Andò a raccogliere i piatti dei militari, e anche loro la corteggiavano in maniera rustica e gioiosa.

«Sarà mica Cindy Crawford», notò sottovoce zio Nestore. «Eppure, a mio modo di vedere, è la ragazza che si diverte di più in tutta la città».

In una frase, mi aveva smontato Cindy e mostrato una verità sin lì insospettata: può valere la pena di fare i complimenti a una donna anche se non si è intenzionati a uscire con lei, per il semplice piacere di vederla sorridere, sfiorata dalla luce d'una vita diversa.

A due minuti dalla fine segnò Van Basten: i militari esplosero in un tripudio di grida contro la Germania, e noi ci alzammo per bere il caffè al banco.

«Vi compilo la ricevuta, dottori», spiegò il Lurido scarabocchiando geroglifici su un foglietto di bloc notes. «Caso mai, messo il naso fuori, incontraste quei cornuti della Forestale».

«Siete sempre squisito, Fernando», osservò lo zio, e quello gli servì il caffè sibilando: «Sarebbero diciottomila, ma per voi sono quindici».

«Un amico», constatò Nestore, e il Lurido insistette per offrirgli due dita di Montenegro in un bicchierino di carta.

Quanto a me, tredicenne fiero d'una camicia a quadretti e dell'aura provvisoria di Drakkar Noir, non riuscivo a levare gli occhi di dosso da Rosa. Era grazie a lei che determinate verità erano venute a galla, e volevo tenere bene a mente com'era fatta.

Lo zio volle che stringessi la mano al Lurido, dopodiché baciò Rosa sulle guance e mi invitò a fare altrettanto: nel farlo, mi ritrovai contro il balcone delle tette, e l'afrore del corpo di lei era in grado di confonderti le idee più dello Chanel numero 5.

«Buona serata, dottori!», ci augurò Fernando, aprendo per noi la porta che dava sul viale. «Comportatevi bene, e tornate quando volete!».

«Al più presto, Fernando! Al più presto!», assicurò lo zio, mentre ci allontanavamo verso il profilo dell'Alfa posteggiata.

L'aria notturna profumava d'estate. Di certo su in collina, lontano dal traffico, i prati apparivano trapunti di lucciole, e sui versanti coltivati dovevano essere al lavoro le macchine agricole. Mietevano di notte, alla luce delle fotoelettriche, per non schiantare sotto il caldo di mezzogiorno, e mi venne voglia di andare a vedere come procedevano i lavori.

«Perché no», rispose lo zio non appena glielo proposi. «Anziché portarti a casa per la via diretta, si fa il giro dei colli», e indicò l'Alfa come a dire che, con quella, sarebbe stato un gioco da ragazzi.

«Però non corri», misi in chiaro mentre aggirava il muso della vettura.

«Ci mancherebbe altro», garantì, sornione, al momento di aprire la sua portiera. «Voglio parlarti di Rosa, e un quarto d'ora mi serve tutto».

La scuola dell'obbligo era alle spalle, zio Nestore era disposto a fare di me un apprendista uomo e l'indomani gli Azzurri avrebbero giocato contro l'appannata superpotenza sovietica: comunque la si volesse mettere, il meglio doveva ancora arrivare.

# *A passo d'uomo*

# La dieta del laureando

NELL'AUTUNNO del 1993, sulla soglia dei diciannove anni, noialtri veterani dei licei bolognesi ci trovammo proiettati nel *mare magnum* dell'università.

Per qualcuno sarebbe stata un'esperienza lineare e per altri tormentata; qualcuno avrebbe ripensato a quegli anni come al primo mattone d'una carriera, e altri li avrebbero rimpianti, ma resta il fatto che nei mesi di settembre e ottobre ci ritrovammo, all'improvviso, in compagnia di coetanei provenienti da tutta Italia. Erano i favoleggiati "fuorisede" e, a differenza di noi, la sera non tornavano a casa da mamma. Vivevano altresì, ancora ignari della topografia cittadina, in speciali appartamenti "a misura di giovane" disseminati per il centro storico, la prima periferia e financo i borghi dell'hinterland; chi poteva, pur di vivere a due passi da piazza Verdi, pagava un occhio della testa per una stanza tripla con il bagno in comune, mentre una considerevole minoranza risiedeva in convitti o studentati, e solo i più fortunati potevano godere dell'ospitalità di amici di famiglia o vecchie zie.

Come fossero strutturate le case dei fuorisede, che

andavano dal monolocale a vasti appartamenti capaci di accogliere sino a dieci persone in pianta stabile, lo scoprimmo solo facendo amicizia con loro.

Si meravigliavano quasi tutti di conoscere finalmente un bolognese – nel mio corso, dubito raggiungessimo la cifra di dieci iscritti su centocinquanta – e ognuno di loro aveva una storia interessante da raccontare, un accento peculiare e una diversa prospettiva sull'Italia.

Erano incontri capaci di arricchirti, e non solo dal punto di vista dei numeri telefonici in agenda; se pure non avevi un posto tutto tuo, ti si spalancavano per la prima volta le porte di case gestite da ragazzi. Per quanto fossero afflitti da padroni di casa esosi o impiccioni, turni per il lavaggio dei piatti e una preoccupante tendenza degli intonaci a coprirsi di umidità, a quell'età era difficile non invidiarli.

Li sentivamo un passo avanti a noi nella conquista della libertà, e sentivamo di dover recuperare in qualche modo il terreno perduto.

Anche noi, però, avevamo qualcosa da far pesare sulla bilancia della comune convenienza. Se i giovani forestieri avevano una casa a disposizione ma erano persi appena si allontanavano dalla direttrice fra il domicilio e la facoltà, noi aborigeni potevamo prestarci come perfetti conoscitori dell'area urbana e delle sue molteplici risorse.

E poi, argomento non secondario, dominavamo i trasporti: i nostri coetanei forestieri erano giunti appiedati sotto le Due Torri e tipicamente si erano muniti d'una bicicletta di seconda mano al mercato delle bici rubate di piazza Verdi, ignorando che le bici venivano fornite con un tacito contratto di garanzia: erano tutte destinate a essere rubate nuovamente, e rivendute a terzi, dagli stessi tossici che gestivano il mercato. Con questa strana forma di leasing, capitava spesso di sentire imprecare i tuoi nuovi amici, nei diversi dialetti d'Italia, di fronte all'ennesima catena tagliata a metà.

Noi, invece, avevamo Vespe, motociclette e scooter giapponesi, mezzi targati e punzonati sul telaio, più complicati da trattare anche per quei balordi commercianti; le due ruote ci consentivano un comodo arrivo di fronte alle rispettive facoltà e biblioteche, ma quel piccolo piacere si trasformava in lusso al calare delle tenebre: spostarsi nell'arcipelago di bar e locali sparsi per la città era facile, con cinquemila lire di miscela nel serbatoio. Naturalmente si viaggiava senza casco, e potevi trasportare un passeggero anche su un "cinquantino" confidando su una relativa tolleranza delle forze dell'ordine... Sembra di parlare di "magliette a strisce" e "Teddy Boys", ma era appena vent'anni fa.

Quel posto extra per il passeggero, sempre sul filo dell'illegalità, ci offriva l'opportunità di dare un passaggio agli amici e alle amiche appiedati, chi per scelta, chi perché aveva subito il sesto o settimo furto di biciclette. Rombando sul filo dei quarantacinque orari, potevamo portarli a conoscere angoli della città a loro ignoti, a cominciare dai colli. Per determinate salite occorreva un certo slancio, e le frenate proverbialmente aleatorie della Vespa andavano dosate con cura in fase di discesa, ma di solito ne valeva la pena; si stupivano tutti di ritrovarsi in pochi minuti fra le alture, immersi nel verde, come non avessero mai considerato seriamente il profilo dell'Osservanza, sormontato dalla facciata neoclassica di villa Aldini, o quello del santuario di San Luca.

La maggior parte di loro pensava a Bologna come a una città distesa nella pianura e restavano a bocca aperta se ti spingevi fino a mostrar loro i segnali escursionistici della Via degli Dei, cinque giorni a piedi per arrivare a Firenze in mezzo a colline e montagne via via più spopolate e severe.

A vent'anni, quando si faceva conoscenza, la maschera cadeva in fretta lasciando il posto a una cordialità autentica. Lo spirito curioso, una felice disposizione d'animo e l'abitudine alla condivisione rendevano tutto facile, eppure non perdeva di sacralità il momento in cui i tuoi nuovi amici forestieri aprivano per te le porte dei loro domicili.

Che fossero monolocali da giovani professionisti, la cui pigione pesava poco sul bilancio di famiglie abbienti, o sospirati bugigattoli condivisi da dieci e più giovani – chi in pianta stabile e chi di passaggio – quasi nessuno poteva vantare un regolare contratto di affitto.

Nonostante questa pecca, foriera di malintesi, risoluzioni unilaterali e occultamenti di notevoli cifre al fisco, i ragazzi chiamavano quelle stanze "casa", e tutti ci tenevano a farti sedere a tavola agli orari più improbabili per provare le specialità del territorio di provenienza: quando ancora non si parlava di Slow Food, i fuorisede, in particolar modo i meridionali, sono stati in prima persona alfieri del cibo lento, trasportando in città, dopo ogni vacanza a casa, chili di salumi, formaggi e delizie sottolio sui convogli a lunga percorrenza. Innocui corrieri della 'nduja e dei peperoni farciti, importatori senza scopo di lucro di specialità degli Abruzzi, della Capitanata e della Terra d'Otranto a nord dell'Appennino, si sono sottoposti a viaggi scomodi, ma è anche grazie a loro se abbiamo conosciuto la ricchezza di sapori regionali che rende unica l'Italia.

La cena dagli amici fuorisede, persa ogni ribalda connotazione della "spaghettata di mezzanotte" tra liceali, si trasformava così in occasione di confronto e socialità: il veneto, il marchigiano e il calabrese erano orgogliosi di farti assaggiare ciascuno il proprio sugo e il proprio vino, ed era un modo facile per parlare di terra, radici e usanze, ma anche di prospettive che si desideravano più ampie, spalancate, globali. Si rideva del piccolo mondo di provincia mentre ci nutrivamo, ammirati, del suo pane e del suo vino.

E, dopo cena, il piccolo brivido di avviare il modem, per spedire via posta elettronica messaggi in inglese a personalità eminenti d'Oltreoceano, si esprimeva con esclamazioni di meraviglia nei nostri accenti marcati, tutti diversi come tessere di un mosaico, e forgiati da padri che non si erano mai conosciuti.

«Maro', mi ha risposto Steve Albini!», annunciò Tony di Isernia, entrando come una furia al Piccolo. Si baciava i pugni e mandava altri baci all'aria, euforico come un personaggio caffeinomane del primo

Banfi. «Steve Albini!», ripeté a beneficio di tutti gli avventori. «Il produttore dei Nirvana!».

Metà dei ragazzi appostati nel bar aveva assunto sostanze che deprimevano il sistema nervoso centrale, e l'altra metà era composta da studenti del Dams troppo snob per mostrare stupore, per cui ci congratulammo solo io e Mario il Sardo.

«Che colpo gobbo!», ammise Mario. Veniva dai dintorni di Sassari, e riusciva a far suonare doppie persino le consonanti a inizio parola.

«E cosa dice il vecchio Steve?», domandai, aggiustandomi addosso l'impermeabile ch'era appartenuto a mio zio Arminio, e forse anche ad Athos. Nessuno dei due, in ogni caso, poteva immaginare la nuova vita del *gabardèn*, decontestualizzato e ricontestualizzato come s'insegnava a noi studenti di Scienze della Comunicazione. La resurrezione del cappotto aveva avuto inizio mediante l'applicazione di un certo numero di spille sul bavero: spiccavano, fra queste, la regina Elisabetta II con gli occhi cancellati dalla scritta "Sex Pistols", e il modello sagomato a forma di pistola d'un'oscura etichetta giapponese. Fornito questo preliminare tocco pop, mi ero chiuso in garage con il mio nuovo capo d'abbigliamento preferito e una bomboletta spray di vernice nera. Vergare sul dorso la scritta "white riot" era stato un gioco da ragazzi; erano serviti tre giorni perché la vernice asciugasse, ma non avevo perso tempo, recandomi nel mentre a casa di John, un amico che gestiva un salone abusivo da parrucchiere alternativo. Lì avevo rinfrescato il mio taglio "tuttavanti", che prevedeva la rasatura dell'intero cranio con l'eccezione della frangia, pensata per scendere sugli occhi nei momenti di riflessione, e per essere partita dietro le orecchie nel caso remoto che ci si cimentasse in una qualche attività fisica. Era un taglio di capelli osceno, ma all'epoca era l'ultimo grido fra noialtri anarco-bohémien di venti e ventun anni, e lo consideravo di gran lunga superiore tanto alla setola cinghialesca di Mario, quanto alla folta chioma riccioluta che Tony abbinava al giubbotto motociclistico in pelle nera. Adesso s'agitava, mobile sulle All Star di pezza, spiegando che Steve, in linea di massima, aveva dato la sua disponibilità per venire in Italia a produrre l'album d'esordio dei Nanga Parbat, la sua band molisana di rock destrutturato.

«Dopo Kurt Cobain, registra te!», esclamò, al colmo dell'ammirazione, Mario il Sardo. «Se la cosa va in porto, c'è di che andarne fieri per tutta la vita!».

Stavo per morire d'invidia in diretta, ma qualcosa dovevo pur dire anch'io. «Sei stato un genio, a scrivergli un'email», ammisi. «Ma secondo me ti chiede un sacco di soldi».

«Steve Albini?», domandò una voce tremolante che proveniva dalle mie spalle. «Quello vi spenna».

«Chi ha parlato?», indagò Tony, reso suscettibile dai troppi distinguo che accoglievano i suoi progetti di gloria.

«Piacere», gracchiò la voce di prima. Era una delle mummie intrespolate sugli sgabelli alti, che si stava riprendendo dal suo viaggio privato e voleva socializzare. «Io mi chiamo Nobody».

Non ritenemmo adatto presentarci, ma il tizio sbadigliò, si grattò la faccia incorniciata da una lurida barba e, controllata l'ora, scese con cautela dallo sgabello per muovere verso di noi.

«Il ritorno dei morti viventi», sibilò Tony.

L'uomo aveva un colorito che dava sui toni del grigio e la stessa postura che la favolistica attribuisce al gobbo di Notre Dame; più che camminare, pattinava con le Adidas sfondate sul pavimento del bar, e nulla faceva più pena dell'idea che, conciato a quel modo, anziché ricoverarsi in casa, avrebbe cominciato un viaggio al rallentatore alle ricerca della dose successiva.

L'infermo franò addosso a Mario, che si ritrasse d'istinto, ma quello riuscì a mantenersi in piedi puntellandosi al tavolo con la mano più gonfia e sporca che avessi mai visto da vicino. La materia radunata sotto le sue unghie sarebbe bastata a scatenare un'epidemia in qualche Paese lontano. «Sono Nobody», ripeté, indicandosi a fatica, gli occhi ridotti a due fessure. «Se trovi scritto su qualche muro "Nobody ti sta cercando", quel Nobody sono io».

«D'accordo», ammise, condiscendente, Mario il Sardo. «Adesso vai, però».

«Steve Albini», ripeté l'infermo, e ci esortò: «Seguite il mio ragionamento».

«Sentiamo», lo invitò Tony.

«Quelli sono professionisti pieni d'impegni», biascicò Nobody. «Solo un illuso può pensare che vengono a lavorare qui per meno di quel che prenderebbero in America».

Enunciato questo concetto grondante di buon senso, sporse il mento in avanti e iniziò a oscillare il capo guardando il fondatore dei Nanga Parbat, come aspettasse una risposta da lui, ma quello non sapeva cosa dire, e lo allontanò con un gesto di stizza.

Il progetto di chiamare in Italia Steve Albini si rivelò costoso, come previsto dall'infermo Nobody, ma Tony non si arrese.

Il sogno di far produrre i Nanga Parbat dall'uomo che aveva registrato i Nirvana lo avrebbe spinto ad azioni sconsiderate, come la richiesta di patrocinio da parte della Regione Molise, e ad altre invece improntate a una mentalità più pratica: divise le spese in parti uguali fra i tre componenti della band e, poiché il bassista non era dell'avviso di svenarsi per Steve Albini, lo cacciò per sostituirlo con un bassista più facoltoso e disposto a metterci la sua parte. Chiarito che ognuno avrebbe dovuto trovare milleottocento dollari, al cambio due milioni ottocentosettantamila lire, il mio amico realizzò che avrebbe dovuto trovarsi in fretta un lavoro. Nonostante l'attività salariata andasse contro ogni principio degli anarco-bohémien dell'Alma Mater, quegli si rimboccò le maniche e andò a offrire i propri servigi per bar, ristoranti e persino librerie.

Non era facile trovare lavoro, all'epoca, se si portava un codice a barre tatuato sul polso. Quello di Tony, poi, era particolarmente malriuscito: poteva ricordare il disegno d'una saracinesca, o quello d'una gabbia, e finiva per somigliare a un souvenir delle patrie galere.

«Chissà cosa avevo per la testa, quando me lo sono fatto», si rammaricò una sera ch'ero ospite nel monolocale che divideva con Mario. Era ai fornelli per cucinare il piatto più tradizionale dell'appartamento, i bucatini alla Gaetano Bresci. Per un po', sminuzzando i peperoncini che avrebbero accompagnato nel condimento la panna, il tacchino e l'ananas, si lasciò andare al mugugno contro la mentalità retriva dei compatrioti. «Popolo di sudditi! Ecco cosa siamo! Un servo ostello!», citava a piene mani dai ricordi liceali. Al momento di mescolare il sugo intitolato al regicida, però, un'illuminazione parve coglierlo. «Tatuaggi», sillabò. «Sono loro, a tenermi lontani dal lavoro dipendente, e saranno loro a rendermi autonomo».

«Cos'hai in mente, compare?», domandai, mentre la voce di Mario saliva dalla camera come un mantra. Doveva essere al telefono con i parenti, perché parlava in sardo fitto, e non si capiva un'acca.

«Diventerò tatuatore», sostenne Tony, scuotendo per la soddisfazione la chioma ricciuta. «Non ci vuole niente a imparare e io, modestia a parte, ho sempre avuto fantasia per il disegno».

Non avevo elementi per sottoscrivere la sua affermazione, né per confutarla, così mi limitai a una sorsata di birra Ichnusa, che Mario si procurava a cassette da un grossista d'origine isolana.

«Comincerò da voi», annunciò Tony, senza interpellare nessuno, poi riprese: «Poco alla volta, tatuerò tutto il corso di laurea. Con i soldi farò venire in Italia Steve Albini. E, quando mi sarò guadagnato la mia parte di fama coi Nanga Parbat, aprirò uno studio tutto mio».

Notai che, preso dall'entusiasmo, aveva deciso di arricchire il sugo alla Bresci con uvette e pasta d'acciughe. Lo fermai solo quando vidi che controllava lo stato di decomposizione d'un würstel, annegato da solo in un vasetto dall'aria malsana.

«Scherzi a parte, cumpà», mi fece, «tu non ci andresti a tatuarti da uno che ha fatto un disco con Steve Albini?».

Era una domanda che meritava un attimo di riflessione, ma già Tony incalzava con un secondo interrogativo. «Dici che Mario s'incazza», chiese indicando il sugo, «se ci frullo dentro le sue pabassinas?»

«Mangiamole dopo, quelle», lo invitai alla ragionevolezza. «È già un condimento ricco e non vorrei che i sapori cominciassero a confondersi».

«A proposito», fece Tony, e si mise in ascolto con aria incuriosita. «Sta dicendo la novena al telefono, Nuragheman?».

«È in contatto con l'Isola, non c'è dubbio», diagnosticai. «Quando parla con gli amici sul Continente, una parola d'italiano ogni tanto gli scappa».

Tacemmo mezzo minuto, ma tutto quello che intendemmo nel suo parlare furono i termini "dottore", "semiotica" e "zio Gavino".

«Insomma», riprese Tony, «ci andresti o no, da un tatuatore che è anche un musicista di un certo livello?».

«Perché no», gli concessi una possibilità. «Ma io, se impari davvero, ci vengo anche prima che tu diventi famoso».

Mi guardò come l'ultimo vero amico che avrebbe conosciuto prima d'intraprendere la sua rutilante esistenza rock 'n' roll, sempre in movimento fra convention e clienti illustri. «Sei caro», disse, trasformandosi all'improvviso in una vecchietta sentimentale e, per un attimo, ebbi paura che volesse baciarmi. Era solo commosso, invece, e volle ripetere a mezza voce: «Tatuaggi».

«Sì!», lo incoraggiai, sollevato. «Ciò che ferisce, cura!».

«Era così semplice, cumpà. Come ho fatto a non pensarci prima?».

Quando Mario entrò in cucina, aveva la faccia di un uomo al quale abbiano appena rapito la famiglia, bruciato la casa e rubato il bancomat.

«Che succede?», domandai, offrendogli una bottiglia d'Ichnusa. «È morto il gatto?».

«No, zio Gavino», sillabò.

«Oh, mi spiace», battei in ritirata.

«Ci eri molto legato?», domandò Tony.

Mario si lasciò cadere seduto, bevve dalla sua bottiglia e, quando riaprì bocca, disse in tono affranto: «Adesso cambia tutto». Diede un profondo sospiro, le mani sulla faccia, e, mascherato a quel modo, spiegò: «Mi ha lasciato cento milioni. Ma li posso riscuotere solo se mi laureo in pari con gli esami, altrimenti va tutto ai preti».

«Maledetto sadico», osservò Tony. «A questo modo ti ruba gli anni più belli».

«Ha sempre preferito mio cugino Francesco», gemette Mario. «Lui studia a Sassari e gli mancano solo tre esami».

Dal mio punto di vista, cento milioni rappresentavano la completa autonomia; per Tony qualcosa come trentatré dischi prodotti da Steve Albini, e nessuno dei due era troppo incline a compatire l'ereditiero.

«Che sarà mai, laurearsi, se hai la certezza che nel giro di quattro anni sarai ricco!», osservai. Il cantante dei Nanga Parbat mi diede ragione, e Mario continuò a dolersi inascoltato.

«Eravamo gli unici nipoti, ma a vedere il Cagliari in ritiro ci portava solo lui», borbottava, ancora sotto choc. «Solo a lui ha fatto conoscere Piras e Matteoli, e anche da morto fa due pesi e due misure».

«Non ha ancora capito», fece Tony, brancando a due mani la pentola della pasta. «Ha risolto stasera tutti i suoi problemi, e si lamenta».

Si profilava una serata speciale: chissà che non fossero in agguato novità anche per me.

«Vengono, dopo, le ragazze?», mi informai.

«Meglio», fece lui, avvolto da una nube di vapore come l'oracolo del tempio. «Portano anche due francesine».

«Erasmus?», indagai.

«Belle fiche. Una delle due fa la modella di snowboard».

«Ah sì?».

«Posa per diverse riviste del settore, a quanto ho capito», spiegò Tony. «Anch'io, se fossi una bella ragazza, poserei per chiunque me lo chiede. Cento carte alla volta, mi passerebbe la timidezza in fretta».

Provai a figurarmi che aspetto potesse avere una modella francese di abbigliamento da neve e conclusi che valeva la pena di scoprirlo dal vivo: in fondo bastava restare seduti, rifocillarsi con i bucatini alla Bresci e aspettare che le ragazze si presentassero. «Sentito, Mario?», tentai di ridestare il Sardo. «Le ragazze vengono insieme a qualche damigella d'importazione».

Sembrava sordo a qualsiasi tentativo di riportarlo fra noi. «A lui mancano tre esami, e io ne ho dati quattro in tutto», si lamentava. «Così è un'umiliazione. Uno sparare sulla Croce Rossa».

«Ti mancano venti esami, ma hai quattro anni di tempo», osservò Tony, rovesciando la pasta nella padella del sugo. «Conta che ti pagano venticinque milioni all'anno per laurearti, e smetti di rompere i coglioni».

«Adesso è ufficiale, che lo zio preferiva Francesco», replicò il Sardo, incapace di darsi pace.

I bucatini alla Gaetano Bresci vennero serviti nei nostri piatti di plastica: il sugo che li teneva insieme profumava in maniera discutibile, ma non c'era dubbio che ci avrebbero sfamato.

«Su, mangia», Tony incoraggiò il compagno d'appartamento. «Mangia, ché ti calmi, e dopo sembra meno brutta».

Mario il Sardo lo fissò come non lo riconoscesse, poi sollevò le sopracciglia e disse: «Mi spiace di avervi tediato, ragazzi. Buon appetito».

Sarebbe stata l'ultima volta che Tony e io l'avremmo visto nutrirsi in maniera regolare.

Quella sera, con le ragazze e le loro notevolissime

amiche francesi, fu poco socievole, e l'indomani annunciò con aria grave di avere preso una decisione: voleva provare a recuperare il tempo perduto, mettersi in pari con gli esami e laurearsi in tempo utile per riscuotere l'eredità.

«Costi quel che costi», specificò, gli occhi da indemoniato, e sulle prime non valutai cosa comportasse quell'espressione pronunciata da un sardo.

In pochi giorni si procurò con tetragona determinazione gli appunti che gli erano sfuggiti nei dodici mesi precedenti; fissò colloqui con professori ordinari e associati, ricercatori e assistenti; imbastì tesine e organizzò gruppi di studio.

Mario il Sardo non veniva più al Piccolo, così non poté rendersi conto di quanto andava lievitando, in società, il prestigio del suo compagno d'appartamento. I damsiani snob amavano i tribali polinesiani, le scritte sulle nocche e il pupazzetto arcano degli Einstürzende Neubauten; i buoni prezzi applicati da Tony ne avevano convinti parecchi a servirsi da lui, sin dai primi giorni in cui era stato in possesso d'una pistola ad aghi e dei primi flaconi d'inchiostro nero, il tutto ordinato via internet da Detroit, Michigan.

La loro convivenza prese una strana piega: Mario se ne stava chiuso in camera a studiare, mentre Tony tatuava in cucina. I soggetti più strampalati si trattennero nell'appartamento per un tempo bastante a farsi disegnare addosso cani bulldog, velieri e mietitrici incappucciate, ma solo pochi fra loro ebbero l'opportunità d'incrociare il misterioso occupante della camera da letto.

«Sono preoccupato che stia andando fuori di testa», mi confidò un giorno Tony. «Rifiuta il cibo, ora».

«L'eredità l'ha sballato», concessi.

«Ieri sera ho preparato una Bresci da capogiro, e non l'ha neanche toccata», spiegò il mio amico. Sembrava seriamente preoccupato. «Dice che ha deciso di cambiare dieta, altrimenti i grassi animali gli impediscono di concentrarsi».

«Un altro vegetariano?», sospirai.

«Peggio».

«Vegano estremista?».

Tony si torceva le mani in preda all'ansia. «Ha detto che fino alla laurea, costi quel che costi, ingerirà solo agrumi, aspirina e caffè. E lo sai come fa, quando decide una cosa».

«Non può reggere», assicurai.

«Ha cenato con due limoni tagliati a fettine, e stamattina ha fatto colazione a mandarini e aspirina effervescente», assicurò. «Visto con i miei occhi».

Avevo deciso che, di lì a pochi giorni, sarei andato a tatuarmi per la prima volta, così assicurai che ci avrei parlato io, con il nostro amico uscito di senno.

Non servì a niente, invitarlo alla ragionevolezza mentre gli aghi mi mordevano la carne centinaia di volte al minuto: la scritta "Independent" si andava componendo sul mio braccio a caratteri indelebili, e Mario continuava a sproloquiare di come gli agrumi abbiano la proprietà di attivare i neuroni delle nostre cellule cerebrali.

Diventò una persona alienata e noiosa e, alla fine dell'anno, Tony si trasferì a vivere con una ragazza di Bergamo specializzata nell'inserire orecchini dilatatori. Parlavano di aprire uno studio insieme, ma nel giro di poco sparirono dalla circolazione. I soldi che Tony aveva messo da parte per il disco li spese insieme a lei, suppongo, perché quello che fa il vecchio Steve è tenuto d'occhio da troppa gente, e nessuno ha mai letto in giro che abbia lavorato con i Nanga Parbat di Isernia.

Mario, invece, si laureò fra i primi del corso, ma dicono che l'impresa gli sia costata tutti i capelli e l'equilibrio nervoso.

Da quando è tornato in Sardegna a riscuotere l'eredità, nessuno ha più saputo niente di lui. Spero che il lascito di zio Gavino gli sia bastato a godersi un po' la vita, e che non soffra troppo i postumi della sua particolare, acidissima, "dieta del laureando".

Quanto a me, un tatuaggio mi ricorderà per sempre la stagione nella quale era facile condividere il destino dei tuoi pari; ho smesso da molti anni di pensare a me stesso come a un anarco-bohémien, ma ancora oggi che quattro ragazzine mi chiamano "babbo", capita di ritrovarsi soli con i propri ricordi: allora, per non lasciare spazio alla nostalgia, metto su i Pistols, migro asimmetrico verso i fornelli, e preparo una Gaetano Bresci da urlo.

# La gramigna di Malossi

TRASCORSI un paio d'anni all'università, nel senso fisico del termine: di rado frequentavo luoghi diversi da aule, mense e biblioteche, ma non perché fossi particolarmente studioso. Era lì che si socializzava e, se accettavi di mutare la tua inguardabile tosatura tuttavanti da tossico berlinese in un più accettabile taglio corto con il ciuffo alla Tin Tin, capitava persino di conoscere ragazze carine.

Silvia di Brindisi, Noemi di Venezia, Roberta di Chieti: fra le loro caratteristiche comuni vi era un immotivato côté saccente, una certa attrazione per il vegetarianesimo, e la tendenza a cacciarti alle prime luci dell'alba dai loro appartamenti misteriosamente ordinati. Niente a che vedere con il vecchio covo di Mario il Sardo e Tony d'Isernia, o con l'appartamento di via Avesella dove una banda di burloni veronesi aveva introdotto una gallina come mascotte.

No, le ragazze erano fatte di un'altra pasta. Molte di loro tenevano persino la foto del fidanzato appesa sopra il letto e, con ogni evidenza, erano persone intuitive: se ti allontanavano prima di offrirti la colazione, era perché avevano capito che avresti messo a soqquadro troppe cose.

Sembrava di capire che fosse proprio questa la differenza fondamentale fra maschi e femmine: tanto noi quanto loro ci compiacevamo di fare piani a medio termine, ma le ragazze perseguivano i propri progetti con cura certosina, un giorno dopo l'altro, mentre noi alternavamo la dedizione del samurai alla svogliatezza che i proverbi attribuiscono al mitico Michelàz: *magner*, *bavver* e *fer un càz* era da sempre il premio ideale che l'uomo si conferisce alla fine del duro lavoro. Come i padri dei nostri padri, una volta riposti gli strumenti della fatica potevamo sentirci autorizzati a spegnere il cervello, mentre le ragazze non sembravano provare un diverso senso del dovere verso lo studio, il lavoro o l'esotica istanza di rassettare casa. Per questo, non le invitavamo mai dal Lurido.

Ognuno si allenava a inverarsi nel proprio destino, gli eredi dei cacciatori di mammut come le future signore perbene. Restava ancora un mistero come avremmo fatto a incontrarci e dare vita a coppie stabili. Per il momento, salutarsi all'alba conveniva a entrambi: a questo modo lei restava in santa pace, libera di ripulire casa dai segni della battaglia, farsi una doccia e telefonare all'amica del cuore; tu, invece, potevi prenderti l'agio di scendere al bar più vicino con un sorriso da orecchio a orecchio, e valutare con favore che eri riuscito ancora una volta a fuggire in tempo, prima che ti proponessero di andare a fare la spesa insieme, o altre turpi perversioni da mariti e mogli.

Nonostante i momenti di svago, la condizione di

studente universitario cominciava a pesarmi: a differenza di quanto capitato a Mario, nessuno mi offriva un'eredità perché mi laureassi, e sembrava che, anche una volta dottore, l'unica vera occasione di carriera fosse rappresentata da un'ulteriore permanenza dentro l'ateneo. Si trattava di lavorare quasi gratis, per un numero imprecisato di anni, nella speranza di vincere un concorso da ricercatore. Un lungo giro che non dava nessuna garanzia, se non quella di restare a casa con mamma e babbo fin oltre i trent'anni. Senza contare che, con il vecchio regime appena smantellato da Mani Pulite, il futuro era incerto al massimo grado: tutti gridavano alla crisi, l'Italia andava a fondo e non c'era tempo da perdere. Così, non appena i compagni più intraprendenti abbandonarono gli studi e cominciarono a guadagnare soldi veri, mi dissi che avrei dovuto prendere esempio da loro.

Il mio idolo personale era Sandra di Cervia, una ragazza cordiale, dalla bellezza appariscente e lo stesso accento d'una piadinara al lavoro nel suo chiosco. Dopo le prime bocciature, causate da un'irriducibile incapacità ad appassionarsi di cose invisibili, come l'analisi semiotica o la proprietà intellettuale d'un testo, Sandra aveva messo a frutto i propri talenti, e s'era impiegata come cubista al Cocoricò.

Abbronzata com'era, guadagnava in una sera quello che i nostri pallidi assistenti mettevano insieme in tre mesi, e c'era da domandarsi se davvero fossero loro, quelli intelligenti.

Personalmente, se mi avessero offerto centinaia di migliaia di lire per ballare in costume da bagno, non ci avrei pensato due volte. Le offerte, però, stentavano ad arrivare: dovevo inventarmi qualcos'altro.

Mio cugino Luigi, nel frattempo, si era laureato in economia e aveva aperto un'agenzia immobiliare in franchising. Era un'attività che gli fruttava bene e ci teneva a fartelo sapere indossando maglioncini rosa, scarpe a punta e cappotti spinati; guidava una specie di fuoristrada che, però, andava trattato con la stessa cura d'una Bugatti, e in pieno inverno partiva per le Seychelles con la fidanzata, una donna più anziana di lui che si era già rifatta il naso più volte, e sosteneva di essere una giornalista.

Tanto lui quanto la sua Mariasole teorizzavano apertamente che fare figli è una sciocchezza, e in tre anni la coppia era stata rallegrata solo dall'arrivo di un mostruoso chihuahua, il piccolo Brandon.

Quei due ti facevano pensare al bel giorno di primavera in cui Schopenhauer, anziché uscire a fare una passeggiata, restò chiuso in casa a lavorare. Doveva avere litigato con la sua ragazza, perché scrisse che l'amore sarebbe solo una menzogna, e una coppia d'innamorati corrisponderebbe non già a due anime gemelle, ma alla somma di due infelicità. Nemmeno il torvo prussiano, tuttavia, aveva previsto che, a quelle infelicità complementari, potesse sommarsi quella d'un mostriciattolo rauco e schizzinoso, talmente esigente da trasformarsi nel vero padrone di casa.

Sedeva a tavola con noi cristiani, il piccolo Brandon, la sera in cui mi spinsi a cena da loro. Era stato Luigi a invitarmi, forse per soddisfare una curiosità di Mariasole, e io avevo accettato solo perché meditavo di chiedere a mio cugino un consiglio su come compiere la metamorfosi da studente a uomo libero.

Mi ero presentato con una bottiglia di vino del supermercato, e ormai ero prigioniero nel loro appartamento di via Toscana, arredato in maniera impersonale come una suite d'albergo.

«La verità è che il mercato è pieno di opportunità», sostenne, mentre Mariasole serviva in tavola tre porzioni di lasagne industriali e una mattonella di cibo per cani. «La new economy tira come non mai. Lo sai che ci sono ragazzi della tua età che hanno investito poche centinaia di dollari in una startup, e adesso viaggiano in Porsche?».

«A me basterebbe una bella moto», precisai. Appollaiato di fronte a me sul suo seggiolone da infante, lo scherzo di natura abbaiò prima di tuffare il muso nella ciotola.

«Serve ambizione, nella vita», teorizzò l'ex paninaro.

«Ai ragazzi non manca l'ambizione», intervenne, dalla mia destra, la sua fidanzata. «È che l'Italia è un Paese per vecchi». Mi guardava in cerca d'approvazione, ora. Nonostante il cuore gelido delle lasagne, mi profusi in cenni d'assenso.

«È un Paese di gente che si lamenta sempre», la corresse Luigi. «Serve una guida che ci faccia rigare dritti».

Forse presagendo chi avrebbe dettato la linea negli anni a venire, allungò la mano al telecomando e diede vita allo schermo ultrapiatto del Sony a parete. Brandon, abbagliato da luci e colori, se ne ebbe a male, e Mariasole prese le sue parti.

«Non rompete, voi due. Voglio solo vedere la Borsa su televideo».

«Tranquillo, Brandon», si raccomandava la fidanzata, carezzando la testa calva del chihuahua. «Ma lo sai che odia la gente di colore?», mi fece Luigi, scorrendo a vista le quotazioni.

«Lei?», sussurrai, mortificato.

«Brandon! Ha già morso due volte il pakistano che porta le pizze».

Annuii, mesto, e cacciai in bocca il freddo cuore delle lasagne. Era come masticare un Calippo alla besciamella e ragù e, quando vidi Mariasole che strofinava il naso studiato in laboratorio contro il musetto puzzolente di Brandon, per poco non dovetti scappare in bagno.

«Fossimo in America, ti consiglierei di isolare una delle tante idee geniali che ti traversano la mente, e di fare impresa a partire dal suo sviluppo pratico», farneticava Luigi. I titoli di Borsa non gli avevano dato soddisfazione, così si era spostato sulle pagine delle notizie sportive. La sua Juventus, eliminati i francesi del Nantes, avrebbe giocato la finale di Coppa dei Campioni contro l'Ajax, ma Luigi aveva un buon motivo extra per sperare nel trionfo delle Zebre. «Ci ho giocato sopra un milione», spiegò. «Se Luca Vialli alza la Coppa, e questo è sicuro, ne incasso uno e otto. Ma se vinciamo con due gol di scarto, il che non è impossibile, i milioni diventano quattro e mezzo. E se, come prevedo, segna "Penna bianca" Ravanelli, si va in doppia cifra».

«Nel caso ci porti tutti e due alle Mauritius, amorino?». Lei aveva messo su un'aria da supplice e, per un istante, temetti che il plurale fosse dettato dal desiderio che il sottoscritto partisse con loro. «Il piccolino sarebbe felice di tornare a zampettare sul bagnasciuga di un atollo».

Adesso era chiaro che non parlava di me, e il sollievo che provai fu guastato solo dall'isterico berciare di Brandon.

«Ma certo che ti servo il secondo», lo rassicurava Mariasole. «Ci sono le polpette tagliate fini come piacciono a te, Bibi!». Un istante dopo, rivolta l'attenzione agli umani, c'informò: «Per i bipedi, invece, pollo alla creola».

Mi rallegrai, ma avevo sbagliato i miei conti: anche la pietanza usciva dritta da una busta, e il sugo liofilizzato aveva il sapore fasullo dei condimenti nati in provetta.

Potevamo fingere di trovarci in America, insomma, anche se da noi era complicato fare impresa.

«Buono», mentii. Quando incappai in un cubetto spugnoso di seitan, però, meditai di proporre uno scambio a quel rognoso di Brandon, detto Bibi: il bastardo si abbuffava a mezzo braccio da me di polpette di vitello, preparate a una a una dal macellaio, e a noi cristiani toccava la sbobba industriale.

«Alla fine, sai cosa ti consiglio?», domandò mio cugino quand'ebbe avuto ragione della pietanza. «L'inglese e il francese li conosci bene, no?».

«Piuttosto bene», confermai, in attesa di capire che cosa avesse in mente. «Ho anche i diplomi, da qualche parte». Se stava provando a convincermi a emigrare, avrebbe trovato una fiera resistenza. Non ero di quelli che abbandonano la barca in difficoltà, io.

«Traduzioni», annunciò asciutto. «Non aspettarti di lavorare sui grandi romanzi, però».

«Se è lavoro pagato, traduco anche le Pagine Gialle», mi scoprii.

«Tu non hai bisogno di traduzioni, amorino», s'intromise la guastafeste dal naso mutante, e il cane iniziò ad agitarsi e ringhiarmi contro.

«Malossi», sillabò Luigi. Doveva essere la parola magica per rabbonire Brandon, perché quello abbassò subito la cresta, e tornò a becchettare dalla ciotola.

«E chi sarebbe, Malossi?», chiese invece Mariasole.

«Un mio cliente», rispose asciutto mio cugino. Queste, invece, erano le sillabe per rabbonire lei. «Ha una casa editrice di soldatini», aggiunse, ermetico, «e so per certo che ha bisogno di ragazzi in gamba».

Eberardo Malossi, il primo uomo a conferirmi modeste somme di denaro in cambio di lavoro, era un cinquantenne corpulento che nasceva come tipografo e si era improvvisato editore in proprio una decina di anni prima.

Il suo intuito gli aveva suggerito di puntare su una nicchia particolare di collezionisti: solo i maschi facoltosi di mezz'età spendono cifre importanti per le miniature militari, così la Retroprint di Malossi si era presentata sul mercato con una serie di titoli dedicati alle uniformi della Seconda guerra mondiale. La documentazione scrupolosa e i bei disegni ne decretarono il successo fra gli appassionati di storia militare, e il volumetto dedicato alle divisioni combattenti delle SS dovette essere ristampato tre volte.

«È un bel mestiere, peccato che la maggior parte dei clienti sia gente che, a casa propria, si fa le seghe vestita da nazista». Così, senza infiorare la verità, Malossi aveva concluso per me la presentazione delle linee editoriali.

Nel giro di due lustri l'attività si era diversificata su più collane, ciascuna dedicata agli armati d'un diverso periodo storico e, con l'imminente lancio di "Carri da guerra assiri", si sarebbe arrivati a inaugurare la dodicesima collezione della Retroprint.

Il marchio era un punto di riferimento per gli appassionati del settore e, per mantenere costante il livello delle uscite, era costretto ad acquistare i diritti di volumi pubblicati all'estero: erano finemente illustrati, ma con le illustrazioni arrivavano pagine e pagine di didascalie in inglese, francese, tedesco, spagnolo e persino russo. Ecco perché Malossi si era circondato di giovani traduttori senza scrupoli, disposti a essere pagati in nero e lavorare a notte fonda per tradurre con pochi giorni di preavviso studi monumentali sulle mollettiere nella Grande guerra, o arcipelaghi di note astruse, dedicate all'evoluzione dell'equipaggiamento degli Zappatori imperiali.

Il mio primo incarico, la traduzione dall'inglese di *Irish Regiments in the American Civil War*, si rivelò più laboriosa del previsto: filai svelto sulle trenta pagine di testo introduttivo, ma m'impantanai davanti al centinaio di brevi didascalie che illustravano le uniformi riprodotte sul volume. Erano superbi dipinti a olio d'un tale Malcolm McMurdo e, senza l'aiuto di quelle figure, non avrei mai saputo ricostruire il vero significato di termini che, alla fine, risultavano oscuri anche in italiano: cosa significavano "mostreggiatura" e "buffetteria"? E si poteva andare certi che un *Marshall* irlandese dell'Ottocento fosse l'equivalente del maresciallo dei Carabinieri? Non riuscii a occuparmi d'altro per due settimane, ma alla fine consegnai a Malossi una versione accettabile di *I reggimenti irlandesi nella Guerra di secessione*, e ne ricavai un'intera carta da centomila. Conservo ancora quel volume a marchio Retroprint fra i ricordi più cari, e mi spiace di avere perso fra un trasloco e l'altro le testimonianze delle mie successive collaborazioni con il vecchio Malox.

Lavorai per lui un paio d'anni, lasciando il segno con la traduzione del best seller *US Marines in the Vietnam War*, che in versione originale aveva venduto trecentomila copie, e alla Retroprint fece segnare il record di sei ristampe. A Malossi fruttò pacchi di milioni, a me le solite centomila lire, e quella volta avvertii con esattezza cosa si prova a sentirsi sfruttati.

Dovetti fare le prove allo specchio, prima di trovare il coraggio di fargli le mie rimostranze, ma quando lo affrontai, Malox prima m'invitò a pranzo, e poi si comportò con una tale tracotanza da risvegliare il leone che dormiva, da qualche parte, dentro di me.

«Chi ce lo mette il rischio d'impresa, qui?», fece presente seduti in una trattoria fuorimano. «Il sottoscritto che lavora da una vita, o il giovanotto senz'arte né parte?».

Citò l'insuccesso di *Arcieri inglesi nella guerra dei*

*Cento anni* come fosse stata mia la decisione di farlo uscire e, quando notai ch'era stata una sua scelta, andò su tutte le furie.

«C'è poco da arrabbiarsi», feci presente. «Coi Marines la casa editrice ha guadagnato bene, e io sono qui a chiedere se vi sembra giusto, che a me ne sia venuto solo l'ingaggio-base».

«Chi ti credi di essere, Umberto Eco? Guarda che c'è la fila, fuori, per lavorare con me!».

«Così non si può fare», m'intestardii. «La squadra, mister, ha meritato il premio-partita».

La metafora calcistica mi si ritorse contro all'istante. «D'accordo», concesse Malox mentre ci servivano due scodelle di gramigna alla salsiccia. «Altre centomila di premio, e finiamola qui. Altrimenti finisci di corsa nella lista dei giocatori cedibili».

Tacqui, mortificato, e valutai di lasciare solo Malox con due porzioni di gramigna; poi mi figurai la calma olimpica con la quale le avrebbe trangugiate una dopo l'altra, troppo preso dai suoi pensieri per domandarsi che fine avessi fatto, e decisi che dovevo colpirlo in un altro modo.

«Sei proprio uno stronzo», scandì la mia voce. «Uno stronzo e un avaro. Puoi tenertele, le tue centomila».

Malox fece tanto d'occhi e, quando vide che mi alzavo, borbottò solo: «Vai a farti fottere».

«Vai a farti fottere tu, invece», replicai, a tono non tanto basso, mentre gli stavo in piedi di fronte. I commensali dei tavoli vicini seguivano la scena con interesse crescente, e intesi una signora dagli zigomi alti annunciare: «Alè. Adesso si menano». In effetti mi prudevano le mani, ed ero ormai troppo caldo per preoccuparmi del pubblico.

Quando Malox, con un gesto al rallentatore, raccolse dal tavolo un pezzo di pane smangiato e me lo lanciò in faccia, persi il controllo in via definitiva: presa la caraffa dell'acqua, gliene lanciai addosso il contenuto.

Si sentì la meraviglia coagulare in un «Ooh» collettivo, e ora anche Malox era imbufalito, come se il ritrovarsi bagnato davanti a tutti fosse l'umiliazione estrema.

«Ti spacco il muso», gridò, e non avevo dubbi che ci avrebbe provato sul serio; così, sollevato d'un palmo il bordo del tavolo, glielo spinsi addosso a due mani ancor prima che si mettesse in piedi: Malox pericolò all'indietro con tutta la sedia, quindi si aggrappò in maniera disastrosa alla tovaglia e andò giù di schiena tirandosi addosso stoviglie, oliera e gramigna.

Gli sarebbe cascato addosso anche il tavolo, se non l'avessi trattenuto, ma l'editore della Retroprint non se ne dimostrò troppo grato: nonostante le assicurazioni fornite ai camerieri, finimmo a spintonarci come ragazzini nel cortile della trattoria, e Malox non ne ebbe abbastanza finché non scivolò daccapo. Stavolta finì con la faccia nella ghiaia e, quando lo vidi risollevarsi pesto e furibondo, preferii avviarmi di buon passo verso la città. Tanto, arrivati a quel punto, un passaggio non me lo dava di sicuro.

# Il Catatapulci

Arrivò di soppiatto, l'amore, e mi sottrasse con dolcezza al carnevale di notti bianche e weekend allucinati.

Poteva esistere una vita anche lontano dagli stadi, dai bar e dai club rock? Sembrava di sì e, per mano alla persona giusta, non era così male nemmeno fare la spesa.

Adesso che avevo trovato un lavoro più stabile e remunerativo di quello alla Retroprint, potevamo permetterci di fare la spesa nelle gastronomie del centro, e ci sentivamo una coppia di successo nell'ordinare un buon vino, il tartufo o il costoso culatello. Ormai mi stavo trasformando nella versione giovane di mio padre: mettevo in tavola primo e secondo a pranzo come a cena, quasi dovessimo immagazzinare calorie in vista della carestia, ma finiva che metà della roba veniva buttata.

In quella stagione di gioiosi sprechi, cucinare era per me un'attività rilassante e, allo stesso tempo, un modo per mettermi in mostra agli occhi della mia bella: accoglierla di ritorno dall'ufficio con un'amatriciana poteva sembrare banale, così mi mettevo al lavoro due ore prima e, seguendo passo passo le istruzioni della "Cucina italiana", stendevo sul tagliere la pasta per i *Gepichta Kropfn*, i complessi ravioli tirolesi da farcire con la pernice. Gli animali, che m'ero procurato in segreto da un macellaio amico, emergevano dal loro nascondiglio solo per finire triturati nel frullatore insieme a una miscela di formaggio, pane ammollato e spezie. Ottenuta la farcia, la distribuivo a tocchi sulla pasta distesa, che poi tagliavo con la spronella per delimitare i singoli ravioli. Chiuderli a fazzoletto pigiando con cura sui bordi era un passaggio semplice, e si poteva perfezionare l'opera ribadendo la finitura con i rebbi d'una forchetta.

Lei tornava che i ravioli erano pronti per essere bolliti e ripassati nel burro, ma non sempre si congratulava come avrei sperato. Capitava che mi facesse notare, prima, in che senso la cucina si era trasformata in un porcile, e allora finivamo per discutere come capita alle persone troppo orgogliose.

Facevamo anche la pace, però, e nel giro di poche stagioni arrivarono Dafne, Sofia e Irene.

Avremmo comprato più raramente pernici e tartufo ma, presi com'eravamo dalla meraviglia, non ci facevamo caso.

Era stupefacente vederle imparare ogni giorno a fare cose nuove; erano tre, cresciute nello stesso palmo, ma ognuna aveva gusti diversi e un carattere ben distinto dalle sorelle.

Dafne, la più grandicella, faceva storie per mangiare la minestrina; ci si prestava a farle mille moine purché finisse la scodella ma, anche crescendo, avrebbe continuato a dimostrarsi la più difficile in quanto a gusti.

Quando arrivarono Sofia e Irene, non ci fu più troppo tempo da dedicare ai convenevoli e, di conseguenza, vennero su in maniera più spiccia. Per qualche motivo misterioso celato nelle eliche del Dna, Sofia predilige i gusti già noti, mentre Irene è un'autentica pioniera, e non sapeva ancora parlare speditamente che già si offriva di assaggiare le pietanze degli adulti.

Tutte e tre, in ogni caso, sono consapevoli del fatto che la cucina è il cuore della casa e, quando accettano di vestire i loro grembiulini con il nome ricamato sul cuore, è una gioia preparare la cena insieme a una simile squadra d'aiutanti.

L'introduzione allo scenario del gioco, recitata da Dafne nel silenzio religioso delle altre due, suonava sempre identica: «C'erano una volta tre sorelle, di nome Bianca, Aurora e Pocahontas, che vivevano in una casetta in mezzo al bosco. Sin da piccole avevano preparato marmellate genuine con la frutta che raccoglievano e, una volta cresciute, aprirono una fabbrica di marmellate senza conservanti».

Solo una volta recitate queste parole, le piccole si trasformavano compiutamente in Bianca, Aurora e Pocahontas. Da qui in poi, se per caso le avessi chiamate coi loro veri nomi, si sarebbero infuriate.

«Ne producevano di ventisei tipi diversi», riprendeva la grandicella.

«Anche per adulti, al fico e alla castagna», aggiunse Sofia.

La maggiore la invitò con un gesto cortese a far silenzio, ma l'altra protestò: «Non puoi mica decidere sempre tutto!».

«Va bene, la facevano anche al fico» sospirò Dafne. «Posso continuare?».

«Andiamo avanti», la incitò Irene. «Com'è, l'avventura?».

«Le tre sorelle della marmellata avevano inventato un nuovo tipo buonissimo, ma il Catatapulci voleva rubare la ricetta».

Sentivo che presto mi sarebbe stata proposta una parte impegnativa.

«Chi lo fa, il Catatapulci?», domandò Irene.

«Babbo!», rispose la gemella.

«Babbo», venne a domandarmi Dafne con la sua voce più flautata. «Ti va di fare il Catatapulci?».

Era un mostro alto come due palazzi, peloso e dotato di zanne da tigre preistorica.

«Non posso fare l'affascinante ladro di marmellate?», proposi.

«No. Sei il Catatapulci», sancì la maggiore.

«Di nuovo?».

«E chi lo fa, altrimenti? Noi siamo già le Tre sorelle della marmellata, e tu lo fai benissimo!».

«Farò il Catatapulci, allora. Cosa combinava, stavolta?».

La bambina mi sussurrò all'orecchio: «Rubavi la formula segreta», e io mi lasciai risucchiare nella stanza dei giochi, condotto per il polso come un illustre prigioniero di guerra. «C'è babbo», annunciò alle sorelle.

«Vorrai dire il Catatapulci», precisò Sofia.

«Adesso è babbo», la corresse Irene. «Non si è ancora travestito».

«Allora, facciamo che voi lasciavate incustodita la formula segreta della nuova marmellata?».

«Sì!», approvò Irene.

«È stata una mia idea», sottolineò, non senza ragione, Dafne.

«Perché vi distraevate?», domandai. «Facciamo che eravate andate al mercato?».

«Dov'è il mercato?», domandò Irene.

«Era qui», stabilì Dafne, indicando la porzione di stanza più prossima alla porta-finestra. «E dall'altra parte c'era la fabbrica di marmellata».

«È lì che troverò il biglietto con la formula?», m'informai.

«Lo troverà il Catatapulci», fece Irene. «Sei lui, nel gioco».

«Giusto», osservai, evitando ogni vocativo: non sapevo se, in questa fase decisionale, dovevo chiamarla con il suo nome, o non piuttosto Aurora. «Io, a questo punto, vado a travestirmi».

Non appena scivolai fuori dalla stanza, Dafne impartì le estreme disposizioni su come bisognava immaginare il mercato, quindi tutte e tre presero a parlare con la voce dei rispettivi personaggi.

«Prima di uscire, scrivo la formula della marmellata buonissima che abbiamo appena inventato», esordì Bianca. «Avete una matita, sorelle?».

«Ecco», fece Sofia.

«Grazie, Pocahontas. Allora: limoni... tre chili».

«È troppo», la informò Irene.

«Vuoi scrivere tu, Aurora?».

Nessuna risposta.

Dafne riprese: «Limoni... due chili e mezzo. Lamponi: cento. Un goccio di succo alla pesca. Zucchero, e una bustina del nostro marmellificante speciale».

«Marmelli...», tentò di ripetere Sofia, ma a metà le scoppiò da ridere. «È una parola buffa».

Irene la invitò al silenzio con un sibilo austero: era Dafne a reggere il canovaccio, ma lei era la custode della continuità, e detestava le incoerenze. Quanto a Sofia, invocava l'azione.

«Quando arrivava, il Catatapulci?».

«Eh no!», sbottò la gemella. «Come facevi a saperlo, che arrivava? Allora cos'eravamo, sceme, che andavamo al mercato?».

«Giusto», ammise Sofia. «Andiamoci, però!».

«Un attimo!», reclamò Dafne. «Lo sto per dire!» Prese il fiato e, riassunta la voce di Bianca, chiamò le sorelle: «Aurora! Pocahontas! Adesso che ho scritto la ricetta, andiamo al mercato a vendere i nostri ventisei tipi di marmellate?».

«Sì!».

«Avevamo una macchina?», domandò Sofia.

«No», disse Irene. «La barca a vela con le ruote, non ti ricordi?».

«Già. Sono sbadata».

«Carichiamo tutto e andiamo!», ordinò Dafne e, per un po', si sentì solo il rumore della magica imbarcazione in viaggio. «Eccoci al mercato!», stabilì all'improvviso.

«Che bel mercato», si beò Irene.

«Dobbiamo vendere!», la rimproverò Sofia. «Non andare in giro a dire "che bel mercato"!».

«Aurora! Pocahontas! Non litigate! Aiutatemi a mettere la merce in mostra, piuttosto!».

Io, nel frattempo, avevo già indossato la mascherina al neoprene che usavo in montagna per non gelarmi il naso. Occultai ulteriormente i miei lineamenti calando sul volto gli occhiali da aviatore sovietico comprati a Praga, e completai il travestimento con un berretto a tesa ribassata stile pescatore, di quelli che s'impiegavano negli anni Novanta per andare ad accendere fumogeni allo stadio. Prima di entrare in azione, mi guardai fugacemente allo specchio: sembravo pronto per severi scontri di piazza, niente da dire. Invece dovevo fare il Catatapulci.

Scivolai nella stanza di soppiatto, mentre le ragazze impersonavano a turno i clienti della bancarella: la preziosa formula segreta era stata vergata su un foglio a quadretti di bloc-notes, e giaceva incustodita sul tavolino della fabbrica di marmellata.

«Allora per tre vasetti le faccio lo sconto, signora», intesi dire, mentre misuravo a vista la distanza che mi separava dal biglietto della formula segreta. «Così sono dieci euro invece di dodici».

«Molto gentile. La vostra marmellata pesche e ribes mi piace tantissimo».

«Tornate, allora».

«Prima mangiamo quella che ho appena comprato, poi torno».

Erano così assorte che si accorsero solo all'ultimo dell'adulto mascherato, giunto in silenzio a due braccia da loro.

Lo strillo che mandarono, prima Dafne e poi tutte insieme, mi fece accapponare la pelle: le avevo spaventate davvero, così, invece di agguantare il documento che mi avrebbe reso ricco, sollevai gli occhiali e confessai: «Sono io, ragazze».

«Forte!», esclamò Sofia.

«Stavo per morire di paura», confessò Dafne.

«Vai avanti!», m'incoraggiò Irene. «Ruba il documento!».

Tornai nei panni del Catatapulci. Con la mia terribile mano artigliata sottrassi la preziosa ricetta, che riposi in tasca sghignazzando: «Ricco! Faccio la marmalada del Catatapulci, e divento multo ricco!».

Mi allontanai zoppicando fra grugniti di soddisfazione, lieto del mio tesoro. «Nella caverna, vado!», fornii preziosi indizi. «Dopo tanta barandana, al Cata piglia la fregola d'un riposello!».

«Certo che è bravo, babbo, a fare il Catatapulci», sentii la voce di Sofia.

Irene le ricordò che, nel gioco, non c'era nessun babbo. «Adesso tornavamo dal mercato, e la ricetta non c'era più», fece il punto.

«Oh, no!», esclamò Dafne mentre mi andavo a nascondere in cucina. «È sparita la ricetta!».

«Chi può averla presa, sorelle?», domandò Sofia.

«I ladri?», propose Irene.

«No!», le avvertì Dafne. «Guardate qui, sorelle! Ci sono delle orme grandissime, con le unghie, e vanno verso la tana del...».

«Catatapulci!», esclamarono all'unisono le gemelle.

«Prendiamo le pietre del potere», propose Dafne. «Io avevo potere sul bosco, e tutti gli animali mi davano retta».

«Io avevo potere sul mare!», si prenotò Sofia. «E tu, Aurora?».

«Non lo so», gemette Irene. «Su cosa posso avere potere?».

«Sul cielo!», propose la maggiore, e quella accettò.

«Animali del bosco, tutti con me!».

«Animali del mare, cioè pesci, tutti con me!».

«Animali uccelli, tutti con me!».

Accompagnate da buona parte delle specie censite, le Tre sorelle della marmellata stavano per venire a riprendersi ciò che apparteneva loro sin dall'inizio. Nella sua orrida tana disseminata di teschi, il Catatapulci rabbrividì.

«Cinghiali, azzannatelo!».

«Squali, mordetelo!».

«Io chi posso mandare?».

«L'aquila», suggerì Sofia.

«Ma cosa fa, l'aquila?».

«Lo becca!».

«Aquile, beccatelo!».

Assalito da animali di terra, acqua e aria allo stesso tempo, anche l'enorme Catatapulci si dovette arrendere: «Aiuto! Cata ha paura! Basta pungere, e morsicare, e becchettare le sue povere chiappone!».

Bianca, Aurora e Pocahontas, però, non erano tipe da lasciarsi impietosire facilmente. «Insalamiamolo!», gridò la più grande, e tutte insieme legarono il mostro.

«Adesso eri insalamato, e non potevi più fare niente», puntualizzò Irene.

«Fuori la ricetta, *cinno*!», pretese Sofia.

«È nella tasca destra dei pantaloni», rivelò il mostro. «Ma come faccio a prenderla, con le zampe legate?».

«Potrebbe essere una trappola», Dafne mise in guardia le altre. «Io prendo la ricetta, e voi state pronte a scatenare gli animali. Se fa il furbo...».

La tensione si sarebbe potuta pesare, mentre la maggiore delle Tre sorelle affondava la mano nella mia tasca: le gemelle attendevano un singolo gesto avventato del Catatapulci per dare il segnale d'attacco alle bestie, ma il mostro si limitò a grugnire insoddisfatto.

«Ecco!», esclamò Dafne, e mostrò il foglio alle sorelle. «Andiamo a riportarlo alla fabbrica!».

Si chiusero dentro sollevando il ponte levatoio, e ordinarono al fenicottero maggiordomo di sigillare anche il portone di cristallo.

Così il Catatapulci restò la fuori, insalamato, a rimuginare sulla propria discutibile condotta.

# Il cibo del viaggiatore

Mentre le bambine crescevano un giorno alla volta, mi capitava di assentarmi spesso dalla città per le mie spedizioni insieme agli Psicoatleti.

Mi ero accorto che i viaggi a piedi erano qualcosa di più importante, per me, di un'attività sportiva o d'una vacanza alternativa. Camminare sulle orme dei padri mi dava una vertigine speciale, che la madre delle mie ragazze non sapeva condividere. Viaggiare a piedi era un modo per conoscere il mondo che ci stava intorno e, allo stesso tempo, dimenticare per un po' chi dovevi essere nella vita di tutti i giorni: quando avevo deciso di andare al mare a piedi con il vecchio Luther, bardati come dovessimo traversare l'Islanda nella stagione buia, mi aspettavo una goliardata. Invece avevamo vissuto una piccola odissea, dormendo nei fienili e ricevendo in regalo dai contadini acqua, informazioni pratiche e storie autentiche. Avevamo sentito il dialetto cambiare una collina dopo l'altra e, una volta giunti sulla spiaggia, la mia prima domanda era stata: «Quando lo facciamo un'altra volta?».

Dopo c'erano stati molti altri viaggi, e qualche anno più tardi avevo traversato l'Italia a piedi da un mare all'altro, partendo con mio fratello dall'Argentario per giungere in tre settimane sulla riviera del Conero.

A quel punto, mi era presa la curiosità di cimentarmi con un itinerario di respiro europeo: all'abusato Camino di Santiago, preferii la millenaria e semisconosciuta Via Francigena. Insieme al mio compagno di viaggio Galerio, nel 2006 la percorremmo con filologica tenacia, una tappa dopo l'altra secondo l'itinerario medievale, inanellando serate in oscure località dell'Artois dove l'unica cena a disposizione dei forestieri è composta da birre e patatine fritte.

La nutrizione è un aspetto chiave del cammino, ma da quelle parti sembrava difficilissimo rispettare una dieta sensata: nel procedere sconsolati attraverso i dipartimenti dell'Aube e dell'Alta Marna, mi rimbombavano in mente le righe di Jerome Klapka Jerome dedicate allo stomaco, il vero organo in grado di guidare le nostre esistenze.

*Come ci sente buoni e felici, quando si è sazi, soddisfatti di noi stessi e del mondo. È molto strano, questo dominio del nostro intelletto da parte degli organi della digestione. Non possiamo lavorare, non possiamo pensare se lo stomaco non vuole. È lui che detta emozioni e passioni. Dopo le uova col prosciutto ci dice: "Lavora!", dopo una bistecca con la birra ci dice: "Dormi!", dopo una tazza di tè (due cucchiaini per tazza e infusione per non più di tre minuti), dice al cervello: "Ora fa' vedere la tua forza".*

A noi sarebbe bastato un po' di frutta che non sapesse di cella frigorifera, e magari un caffè decente, ma dove passavamo non se ne trovava quasi mai.

Giungemmo in Svizzera accusando i primi sintomi dello scorbuto, e in quello stato penoso traversammo le Alpi, insidiati da un pellegrino tedesco coperto di tatuaggi religiosi; solo scesi in Italia tornammo a mangiare cibi freschi, che ci restituirono il colorito e la fiducia necessaria per giungere a Roma rispettando la tabella di marcia.

Servono novanta giorni, come ai tempi dell'arcivescovo Sigerico, per arrivare da Canterbury all'Urbe sulle proprie gambe, e, come ben sapevano i medievali, l'uomo che arriva alla fine d'un viaggio non è mai lo stesso ch'era partito.

Per un paio d'anni feci il bravo, cercando di convincermi che la Via Francigena era stato il viaggio della mia vita, e che adesso potevo accontentarmi di oneste gite e trekking d'una settimana al massimo.

Nel mentre, aiutavo Dafne, Sofia e Irene a consumare il loro primo paio di scarponcini: a differenza della loro madre, le piccole sembravano provare piacere nel seguirmi nelle mie scorribande sull'Appennino e in Alto Adige, e la curiosità di vedere cosa si nascondeva dietro la prossima collina sembrava, per loro, più forte della fatica.

Era sufficiente che il padre raccontasse una storia, e le piccole camminavano; appena lui si fermava, però, cadeva anche la sospensione dell'incredulità e le tre cominciavano ad accusare i sintomi della stanchezza.

A quel modo, ogni passeggiata andava calibrata con

cura: il dubbio non era tanto se le bambine ce l'avrebbero fatta, quanto se ce l'avrei fatta io a tenerle distratte fino all'arrivo, senza cedere al fiatone e alla voglia di salire in silenzio. Giunti al rifugio, mi premiavo con un rustico *Bauerntoast*, mentre loro preferivano i gelati confezionati a forma di mucca alla panoplia di torte artigianali a disposizione. Mi ricordavano troppe cose della mia infanzia per sgridarle, ma erano troppe anche per tacere, così le divertivo raccontando di quando anche loro padre era un bambino, e insieme allo zio combinava le marachelle.

Ascoltavano incredule, provando a immaginarsi come dovevo essere alla loro età, e non riuscivano a credere che, un giorno di venticinque anni prima, mi ero cimentato nell'impresa di bere d'un fiato una bottiglia di Fanta da un litro e mezzo.

In città, le accompagnavo all'asilo e cercavo di convincermi che quella vita mi andasse a perfezione; in realtà, stavo già progettando insieme a Cesare, il logista degli Psicoatleti, il viaggio verso Gerusalemme.

Partimmo nella primavera del 2008 da Roma, per inoltrarci attraverso la metà del Paese che ci era meno familiare.

Traversammo in un mese il vecchio Regno delle Due Sicilie, faticando di giorno lungo i tratturi, e rimpinzandoci ogni sera: a mano a mano che si procedeva verso Sud, facemmo onore ai maccheroni alla chitarra e agli arrosticini, alle scarole ripiene di olive e pecorino, alle linguine alla salsiccia preparate alla maniera del Sannio, e ancora a mozzarelle e caciocavalli, alle "tagliatelle del compare" della tradizione lucana, e infine alle orecchiette, alla zuppa di cozze e al polpo arrostito.

Giunti a Taranto, ci imbarcammo sull'*Olonese*, un malconcio trentasei piedi messo a disposizione da un amico; poiché nessuno di noi era un marinaio, però, ci toccò assumere uno skipper che ci aiutasse a solcare il Mediterraneo.

Si vedeva lontano un miglio, persino fra i trafficati moli della vecchia città greca, che Salvatore Barletta, un lupo di mare cinquantenne con variegati precedenti, era una persona speciale: tanto per cominciare poteva vantare una straordinaria somiglianza con Hemingway, o perlomeno con l'iconica foto in cui lo scrittore, ritratto in primo piano, indossa un maglione in lana grossa a collo alto e accenna a un burbero sorriso. Detto di questa somiglianza fisica, va ricordato che il Barletta non si esprimeva affatto in inglese, trovandosi più a suo agio con le varianti pugliesi dell'italiano, e con la lingua franca dei navigatori: «Se ti sabir, rispondir», era il suo motto. «Se ti no sabir, capa bassa e tazir!».

In navigazione non sprecava una parola che non fosse un "issa", "'maina" o "allanimekittemmuort". Era un comandante esigente ma, nonostante il mare grosso che faceva perdere pezzi all'*Olonese* – il genoa si strappò prima di arrivare a Marina d'Ugento, e di fronte a Gallipoli ci abbandonò anche la radio di bordo – ci condusse stoicamente fino a Santa Maria di Leuca.

Mentre procedevamo all'ormeggio, Salvatore allontanò il ragazzo in attesa di fianco alla bitta.

«Siamo in avaria e, per la legge del mare, non pago una minchia», mise in chiaro. «Dimmi, piuttosto, dove si può mangiare una buona pizza ovæle!».

Era questo il suo problema: una volta a terra, non riusciva a smettere i modi sbrigativi che risultavano efficaci nella vita di bordo, e spesso finiva per sembrare un tanghero.

Il giovane dipendente del porto meditò di non rispondere, ma il nostro timoniere alzò la voce e pretese di sapere senza tante storie dove ci si poteva sfamare.

Fummo indirizzati al primo locale in vista oltre i moli, e laggiù il Barletta si produsse in un nuovo monologo autoritario, stavolta ai danni del cameriere. «La fate, qui, la pizza ovæle?», mise in crisi l'uomo. «Ovæle, la voglio! Che esca dal piatto a destra e sinistra! Kapishammè?». Quello annuì, e l'uomo di mare riprese: «Il quarto di sinistra lo voglio ai funghi... Ma qui avete solo funghi del supermercato, si vede lontano un miglio. E allora, per la Madonna degli Affogati, da quella parte ci voglio la melanzæna!».

«E sul resto della pizza?», domandò, accomodante, il cameriere.

«Un quarto capperi, un quarto patate lesse e un quarto peperoni», rispose seccato Salvatore, come se tutti dovessero conoscere la ricetta della pizza ovæle. «Coi peperoni sulla destra!».

L'indomani provammo a traversare il canale d'Otranto con il mare infuriato: solo noi eravamo usciti dal porto, e all'inizio incrociammo qualche peschereccio che rientrava, poi più nessuno. Eravamo soli nel punto più turbolento fra l'Adriatico e lo Ionio: guardando verso il largo si distingueva con precisione la linea oltre la quale l'acqua cominciava a ribollire.

«Che dite, ci andiamo?», domandò Salvatore.

«Da solo ci andresti?», m'informai a mia volta.

«Da solo ho traversato l'Atlantico nove volte», rispose, e io gli feci cenno di procedere.

Ci fu un istante nel quale l'*Olonese* smise di essere una barca filante, lanciata sul filo del vento, e si trasformò in un grosso oggetto galleggiante, prigioniero della burrasca. Le vele sbattevano come non mai: in quelle condizioni, invece di aiutarci, minacciavano di portarci a fondo, così Salvatore le fece ridurre, ma fu l'ultima manovra che riuscimmo a compiere prima di assicurarci alle battagliole. Lavorando di solo timone non c'era verso di mantenere la prua verso Corfù, ma continuammo a lottare rosicchiando un quarto di miglio alla volta, con la barca che s'inclinava in maniera paurosa prima su un fianco e poi su quello opposto, sfiorando ogni volta l'acqua con la testa dell'albero.

Ci arrendemmo solo nel pomeriggio, quando dovemmo ammettere che, percorse a malapena nove miglia, valeva la pena di rientrare a Leuca prima del buio, per provarci daccapo il giorno successivo.

Passammo la notte alla fonda, affacciati su un'insenatura in vista del faro, alla quale potevi pensare come alla Baia della salvezza. Avevamo rischiato seriamente di finire fuoribordo e annegare, solo per seguire la tabella di marcia e la voce dell'orgoglio che c'imponeva di andare sempre avanti. Eravamo sopravvissuti a una giornata rara, di quelle che alle nostre mogli e fidanzate, una volta rientrati a casa, sarebbe stato meglio non raccontare nel dettaglio. Era vero che le donne si confrontavano da millenni con la schematica visione maschile della vita ma, nonostante questa abitudine, a volte non reggevano allo stupore per gli exploit più azzardati dei propri compagni e, ancora all'inizio del XXI secolo, finivano per chiamarli irresponsabili e deficienti.

I miei compagni dormivano già sotto le stelle, sdraiati nel pozzetto uno addosso all'altro come fratelli di sangue, e anche Salvatore russava pancia all'aria, biascicando frasi incomprensibili fra un peto e l'altro. Dormiva un sonno tormentato, e mi domandai come potevano avere arricchito, in cucina, la sua pizza ovæle.

Allora mi venne da sorridere ripensando a zio Nestore: lui, prima di addormentarsi in autostrada mentre filava a 180 chilometri orari, cercava di andare d'accordo con tutti i camerieri. Riusciva a legare persino nei postacci e, se pure aveva mangiato fuori tutta la vita, non gliene era mai venuto alcun danno.

Da Akko, la vecchia San Giovanni d'Acri, si snoda il sentiero dell'Israel National Trail, reso evidente dai segnavia bianchi, arancioni e azzurri; in un giorno l'itinerario conduce al monte Carmelo, sulla grande baia di Haifa, quindi procede, senza allontanarsi dalla costa, verso Nethanya e la conurbazione di Tel Aviv e Giaffa.

Camminavamo in sette, assetati e coperti di polvere. Lungo la via, mangiavamo carne halal e falafel nelle tavole calde arabe; cibo kosher certificato quando cenavamo nei kibbutz. Certi giorni capitava di fare colazione con aringhe e burro, altri con la frutta fresca, e la limonata era strepitosa tanto negli insediamenti arabi quanto in quelli ebraici.

Solo nelle ultime tappe si piega verso l'interno, toccando la città araba di Ramla per poi risalire il letto in secca d'uno *uadi* verso le prime alture, dove si trovano, simili a miraggi, il surreale parco tematico "Israele in miniatura" e il sito del castello templare di Latrun. Ormai eravamo a ridosso della linea di demarcazione stabilita con l'armistizio del 1949; non restava che inerpicarsi per le roventi colline di Giudea, dove persino i boy scouts girano armati, e in fondo ai valloni si scorgono ancora relitti di camion e blindati, messi fuori combattimento durante la prima guerra Arabo-Israeliana.

Eravamo partiti carichi di pregiudizi ma il dono più prezioso dei viaggi a piedi è proprio questo: lungo la strada sei esposto al rischio di cambiare idea, perché là fuori è pieno di gente in carne e ossa; finisci per ascoltare un sacco di opinioni, sogni e segreti, di quelli che si confidano soltanto a chi domani ripartirà. Così, scambiando opinioni, e guardando la gente negli occhi, le nostre certezze cominciavano a sgretolarsi.

È facile odiare chi non si conosce; dovresti essere davvero spietato, invece, per colpire la persona che ti racconta la propria storia, e ti invita in casa per condividere il pane quotidiano.

L'ultima notte prima di arrivare a Gerusalemme raggiungemmo soltanto a sera il kibbutz che ci avrebbe ospitato: sognavamo un piatto strabordante di hummus e polpette vegetali, ma erano già sorte le prime stelle a decretare l'inizio dello *shabbat*, e non ci fu modo di procurarci nulla da mangiare. Impietositi dal nostro stato, consentirono a ordinare per noi qualche pizza dalla cittadina più prossima: il locale era gestito da musulmani, non tenuti dal divieto sabbatico, e questi, per pochi *shekel* di sovrapprezzo, consentirono a inviare un ragazzo che ci recapitasse la cena. Fu un bel momento di collaborazione, capace di farci sognare un futuro di pace per quella terra contesa. Purtroppo, quando il fattorino si presentò cambiammo umore: per un beffardo malinteso, anziché sette pizze ci aveva portato una sola pizza divisa in sette spicchi. Quando comprese l'equivoco, si dimostrò costernato, ma ormai era tardi per effettuare una nuova ordinazione. Doveva essere destino che quella sera ci coricassimo leggeri.

L'indomani, scesi dalle alture e percorsa sino alla fine Jaffa Road, piangemmo lacrime di gioia ai piedi delle bianche mura di Gerusalemme: eravamo arrivati alla Città tre volte Santa, la culla di tutte le storie, e finalmente il nostro peregrinare avrebbe acquisito un senso.

Presto avremmo visto il sepolcro di Nostro Signore, il Muro del Pianto, la Moschea Dorata e la valle del Giudizio, e potevamo domandarci, il cuore in gola, che effetto facesse camminare, dormire e mangiare nel perimetro della città vecchia, dove ogni pietra è sacra.

Una settimana più tardi, sull'aereo che ci riportava in Italia, non pensavamo più a nessuno come a un nemico, e per molto tempo ci saremmo meravigliati di come, a casa, bastasse aprire un rubinetto per bere acqua fresca.

Mi piace pensare che il ricordo della sete, insieme alla pietà per chi vive in un posto difficile, ci abbiano aiutati a diventare persone più sensibili.

Per certo, abbiamo toccato con mano che la Pace non corrisponde allo stato di natura, ma è il risultato di un lungo processo che passa attraverso la conoscenza, il rispetto e la condivisione: «Salaam» e «Shalom» non suonano poi così diverse, e vale sempre la pena di sognare un futuro di concordia, anche quando seppellire i rancori sembra impossibile.

Venti mesi più tardi, in vista dei festeggiamenti per i 150 anni dell'Unità nazionale, ci riproponemmo di traversare la Repubblica da Nord a Sud.

Fu esattamente quello che facemmo tra il 7 aprile e il 13 luglio del 2010, partendo dalle falde della Vetta d'Italia, in testa alla valle Aurina, per giungere a capo Passero, presso l'estremità meridionale della provincia di Siracusa.

Ogni sera dormivamo sotto un tetto diverso, e il dialetto non era mai lo stesso della sera prima. Anche la cucina cambiava senza sosta, una valle dopo l'altra: dai canederli passammo alla carne salata, dalla cultura della birra a quella del vino, e dall'areale della grappa a quello dei liquori d'erbe. Andammo incontro a passo d'uomo, da veri ambasciatori del cibo lento, alla piada e al pecorino di fossa, alla cicerchia e alla patata lunga di San Biase; quando si cammina, il pranzo si riduce a uno spuntino energetico, ma la sera ci tuffavamo sulle cene con la giusta motivazione di chi ha camminato tutto il giorno nel vento o sotto il sole, e l'indomani farà altrettanto. Ci nutrivamo con pieno diritto, stupiti al ricordo delle cene inutilmente abbondanti consumate in città, dopo un giorno intero seduti alla scrivania.

Eravamo partiti camminando chiusi nei giacconi imbottiti, sprofondando nella neve alta, per spogliarci a mano a mano che la stagione progrediva: scesi dalle Alpi, traversammo la Pianura Padana in calzoncini corti. Poi venne la stagione delle piogge primaverili: da Pieve Santo Stefano a Visso non ci fu giorno in cui non dovessimo camminare qualche ora con gli impermeabili addosso e gli zaini nascosti dalla copertura antipioggia, ma ci sostenevano robusti panini alla porchetta e marmellate di frutti dimenticati come la pera cocomerina, che cresce solo vicino alle sorgenti del Tevere.

Vedemmo maturare il grano e assaggiammo le primizie: succulente fave a Celano, sulle colline che dominano la piana del Fucino, cipolle croccanti a Isernia, e carciofi nella piana di Paestum.

In quella stagione matta coprimmo 2191 chilometri a piedi, fra scoperte di nuovi dialetti, matrimoni che andavano in pezzi e decisioni di licenziarsi: complice il grande silenzio che regna nelle campagne, e alcune apparizioni a sfondo simbolico, due Psicoatleti decisero che la separazione sarebbe stato il male minore, altri due che valeva la pena di fare il grande salto verso il lavoro autonomo e, prima di arrivare alla meta, nacquero altrettanti amori.

Certo, anche la fatica si faceva sentire: in Calabria, convinti dalle teorie d'un fanciullo vestito di bianco che si aggirava per le scogliere, cominciammo a nutrirci di soli fichi. Giunti a Capo Vaticano, stremati al limite dell'allucinazione, ne mangiammo tre chili in due. Ci stavamo spingendo oltre il sottile confine che delimita il regno della follia, ma non potevamo che procedere verso Sud, parlando con le presenze che, avremmo giurato, ci accompagnavano sotto il sole a martello.

Ci riprendemmo al di là dello Stretto, consumando dapprima una fetta d'anguria ad Alì Terme, quindi una cena completa a Sant'Alessio Siculo: la pasta *'ncasciata* e gli involtini di pesce spada farciti alle erbe ci restituirono la gioia di vivere, e di scoprire che cosa si nascondesse ancora più a Sud.

Un sacco di posti dove facevano la granita buonissima, di questo ci rendemmo conto: furono proprio le granite alla mandorla e al gelso, insieme agli arancini di riso che consumavamo dopo il tramonto, a spingerci oltre Acireale e il cono dell'Etna, verso le luci di Catania e Siracusa.

L'ultimo giorno di viaggio, calcando le traversine della ferrovia dismessa fra Noto e Pachino, patimmo di nuovo la sete come in Terra Santa, e faceva sorridere ripensare all'inizio del viaggio, spersi in mezzo a valli intere coperte da una coltre candida, pronta a sciogliersi per farsi acqua da bere.

«Non c'è da preoccuparsi», disse rauco un amico, mentre sostavate sotto un ulivo a ridosso dell'oasi marina di Vendicari, le magliette in testa e i volti ridotti a maschere di sale. «Fra poco saremo a Marzamemi. Lì troviamo anche l'aranciata».

«E una birra fresca», aggiunse un'altra voce che conoscevi da tanti anni.

Non speravate in niente di più che bere. Dopo avere traversato a piedi tutta l'Italia, sapevate che la cena sarebbe andata bene in ogni caso. Mentre sfilavi la maglietta dalla testa per pulirti il volto, questo concetto parve rimbalzarti in testa e produrre una sua musica: il bambino schizzinoso ch'eri stato, convinto che lontano da casa si mangiasse malissimo, aveva lasciato il posto a un essere meno tenero e più resistente.

Sotto i barbagli del sole, il pensiero era corso alle tue figlie, che presto avresti riabbracciato e riempito di baci. Subito dopo ti erano venuti in visita, come vivi ricordi, i nonni Otello e Gemma, e ancora zio Nestore che li aveva raggiunti in cielo a soli cinquant'anni. Non volevano spaventarti, come si crede facciano i fantasmi, ma sostenerti nell'ultima tappa.

Stanco com'eri, ti sentivi pieno di pace: a voi non restavano che poche ore di strada e, dove stavano i nonni e lo zio, non ci si stancava mai. Così avevi sorriso, e ti eri domandato quale effetto poteva fare, a quegli spiriti benevoli, vedere il nipotino che si era fatto uomo.

*Le ricette della tradizione e gli Psicoatleti in cucina*

# Una questione di famiglia

Il ricettario della mia famiglia è una ponderosa opera *in progress* che riunisce gli sforzi in cucina di tre generazioni di Brizzi e dei loro sodali. Vi sono descritte numerose ricette della sacra tradizione emiliana fianco a fianco con rielaborazioni di primi, pietanze e dolci a cura dei miei nonni e genitori, ma anche svariate preparazioni proposte da questo o quell'amico, e apprezzate al punto da sussumerle nel canone familiare. Da ultimo, poiché anche i più giovani son chiamati a dire la loro, vi sono incluse alcune discutibili creazioni da me architettate tra i diciotto e i vent'anni, riconoscibili da titoli enfatici come "Pollastro alla ultrà" o "Spaghetti allo skateboard".

Qui riportiamo, senza glosse o censure, una ventina di ricette fra le più apprezzate, con la speranza che siano d'utilità ai lettori per allestire una cena in allegria, o per una merenda a base di cibo da strada emiliano-romagnolo, il *fast food* che non teme confronti. Gli ingredienti sono per 4 persone, salvo dove diversamente indicato.

# *Primi piatti*

# Tortellini in brodo

**Ingredienti per 12 persone**

*Per il ripieno*
50 g di burro
400 g di lombo
200 g di mortadella
200 g di prosciutto crudo
parmigiano grattugiato
noce moscata
3 uova
sale
(Nella variante di zia Egle, anche 200 g di vitello
e 200 g di petto di tacchino)

*Per la pasta*
1,200 kg di farina
12 uova

*Per il brodo*: gallina, cappone, manzo da lesso
e odori vari (cipolla, sedano, carota...)

**Preparazione**

Scottate nel burro il lombo (e, nella variante di zia Egle, anche vitello e tacchino). Passate la carne scottata al tritacarne per due volte; quindi tritate anche mortadella e prosciutto. Aggiungete al composto parmigiano, grattugiato senza risparmio, e noce moscata a piacere; amalgamate con le uova sino a che l'impasto

non risulterà morbido ma consistente. Regolate di sale. Qualunque sia la vostra miscela preferita, ricordate che il ripieno dei tortellini dev'essere fatto un giorno prima di utilizzarlo, e poi va lasciato ben coperto in frigorifero.
L'indomani, preparate la pasta: disponete a fontana la farina su un piano di lavoro e aggiungete le uova; con una forchetta rompetele e, raccogliendo dai lati la farina, incorporatela alle uova, quindi impastate con le mani fino a ottenere un impasto liscio, che lascerete riposare almeno venti minuti.
Trascorso questo tempo, stendetelo con il matterello sino a ottenere una sfoglia così sottile che la luce vi passa attraverso: tagliatela a losanghe con la *spronella* (la rotella tagliapasta), deponete un tocco di ripieno su ogni losanga di pasta e date forma ai tortellini.
Versateli nel brodo bollente (che nel frattempo avrete già preparato); non appena vengono a galla, spegnete il fuoco e lasciate riposare, ché la pasta s'impregni sino in fondo di brodo; riaccendete il fuoco solo quando i commensali sono già seduti a tavola, e servite i tortellini ben caldi.

# Gramigna del birichino

**Ingredienti**

400 g di gramigna
200 g di salsiccia
1 scalogno tritato
1 bicchiere di sangiovese
200 g di ricotta salata
200 g di pomodori ciliegino
2 cucchiai di olio extravergine d'oliva
sale
pepe e peperoncino

**Preparazione**

Coventrizzate la salsiccia, quindi rosolatela in un'ampia padella con l'olio e lo scalogno, e versate il sangiovese. Cuocete a fuoco dolce sino a che il vino sarà del tutto evaporato. A parte, riducete in scaglie la ricotta. Nel frattempo lessate la pasta in acqua salata. Dopo aver scolato la gramigna, unitela nella padella alla salsiccia, versate la ricotta e i pomodori, mescolate con energia aggiungendo pepe e peperoncino insieme a un po' dell'acqua di cottura della pasta. Servite subito.

# Maccheroncini alla Bacco

## Ingredienti

400 g di maccheroncini
200 g di mortadella tagliata a dadini
200 g di pancetta tagliata a dadini
1 bicchiere di brandy
100 g di panna
1 cucchiaino di triplo concentrato di pomodoro
1 bicchiere di vino rosso
1 cucchiaio di olio extravergine d'oliva
sale
pepe e peperoncino

## Preparazione

In un'ampia padella rosolate la mortadella e la pancetta, sgrassando a fuoco dolce con un bicchiere di brandy. Quando il grasso del salume appare sciolto, versate la panna e il concentrato di pomodoro, mescolate bene fino a quando il sugo non si sarà amalgamato, quindi aggiungete il vino rosso.
Nel frattempo lessate la pasta in acqua salata. Trasferite i maccheroncini nella padella del sugo non appena questo si sarà ristretto, e combinate il tutto a fuoco vivace, aggiungendo l'olio, un po' dell'acqua di cottura, pepe e peperoncino.

# Tagliolini al radicchio

**Ingredienti**

400 g di tagliolini
2 cespi di radicchio di Treviso
1 mazzetto di timo
1 mazzetto di santoreggia
1 bicchiere di birra
3 cucchiai di olio extravergine d'oliva
sale
pepe e pepe verde in grani

**Preparazione**

Lavate e asciugate il radicchio, quindi scottatelo al vapore e tagliatelo a listerelle, trasferendole in una terrina. Sforbiciate timo e santoreggia, uniteli al radicchio, aggiungete qualche grano di pepe verde e fate saltare il tutto in una padella insieme all'olio; dopo le prime sfiammate, versate anche la birra, abbassate il fuoco e proseguite la cottura a fuoco dolce, mescolando continuamente finché la birra non sarà evaporata. Regolate di sale e di pepe. Nel frattempo lessate la pasta in acqua salata. Scolatela ancora al dente, trasferitela in una terrina, conditela e servitela all'istante.

# Spaghetti allo skateboard

**Ingredienti**

400 g di spaghetti
1 petto di tacchino
1 scatola di ananas a fette
1 scatola di piselli
1 confezione di panna da cucina
200 g di pancetta tesa, tagliata a fettine sottili
1 cipolla rossa di Tropea
spezie (facoltative)

**Preparazione**

*Fase preliminare*: formate una sottocultura di giovani dediti a sport urbani e da campagna; eleggete il domicilio di uno di loro a ritrovo dell'intera banda; evocate con i nuovi adepti il mito degli spaghetti allo skateboard; invitateli infine a provarli, profittando di una sera nella quale non si registrino presenze di signore o signorine.
*Procedimento*: eseguite il trick dello sminuzzamento del tacchino, mentre uno dei *regiz* provvede ad aprire – senza tagliarsi, come spesso accade – le scatole di ananas e piselli, che scola *separatamente*.
Spadellate a manetta il vecchio turkey, al quale vanno aggiunti i piselli e l'ananas sagomato a dadi; facoltativa una spruzzata di spezie, necessaria invece l'ondata di panna, che va fatta rapprendere a fuoco calmino, frenando l'ardore dei *regiz* più affamati. Verso la fine,

gettate nel magma anche la pancetta, ridotta a listerelle; sorprendete per sempre gli increduli e i *poser* grattugiando cipolla rossa direttamente nei piatti.
Da gustare accompagnando con birra, pure rossa, o bionda doppio malto.

# Risotto con le quaglie

**Ingredienti**

8 quaglie
40 g di margarina
50 g di prosciutto crudo tagliato a dadini
1 l di brodo di carne già pronto
1 bicchiere di brandy
400 g di riso
parmigiano grattugiato
100 g di burro
sale
pepe

**Preparazione**

Fiammeggiate le quaglie, salatele e pepatele all'interno; legatele con filo bianco da cucina e fatele rosolare a fuoco vivace in un'ampia padella con la margarina e il prosciutto. A parte, scaldate il brodo.
Quando le quaglie saranno colorite, versate il brandy, fatelo evaporare alzando la fiamma, poi regolate di sale e pepe. Coprite la padella, abbassate il fuoco e cuocete per circa 45 minuti, con periodiche aggiunte di brodo caldo.
Quando le quaglie saranno cotte, trasferitele su un piatto e tenetele coperte al caldo. Senza toglierla dal fuoco, nella stessa padella, dopo averla un po' sgrassata, mettete il riso. Mescolate, unite del brodo un po' per volta e fate cuocere alla maniera classica del risot-

to. Prima di spegnere, unite una manciata di parmigiano e mescolate; togliete dal fuoco, aggiungete il burro e amalgamate bene.
Versate il risotto su un piatto da portata ben caldo, disponendovi sopra le quaglie.

# *Secondi e piatti unici*

# Spiedini della mamma

**Ingredienti**

300 g di carne lessata
250 g di mozzarella
2-3 fette di pancarré
150 g di mortadella tagliata sottile
1 bicchiere di latte
100 g di farina
1 uovo
100 g di pangrattato
olio per friggere
8 stecchini di legno

*Per il contorno*
1 kg di cipolle bianche e piatte
80 g di burro
2 bicchieri di brodo
1 manciata di prezzemolo tritato
sale

**Preparazione**

Ricavate dalla carne lessata, dalla mozzarella e dal pancarré tanti quadrati di circa 3 cm di lato.
Tagliate le fette di mortadella a metà, arrotolatele e ripiegatele formando dei pacchettini.
Su ogni spiedino vanno infilati, nell'ordine: quadrato di pane, quadrato di mozzarella, "pacchettino" di

mortadella e quadrato di carne, ripetendo la sequenza due volte.
Quando gli spiedini sono tutti pronti, immergeteli uno alla volta nel latte, passateli nella farina, quindi nell'uovo e infine nel pangrattato.
Friggete pochi spiedini alla volta nell'olio bollente, e serviteli caldi.
Il contorno ideale è costituito dalle cipolle bianche e piatte, che vanno prima tagliate a metà e soffritte nel burro. Quindi si lasciano stufare a fuoco dolce, in compagnia del brodo, del prezzemolo e di un pizzico di sale, sino a ultimare la cottura.

# Faraona alla vecchia maniera

## Ingredienti

1 faraona
4 carote
4 gambi di sedano
1 cipolla media
4 cucchiai di olio extravergine d'oliva
40 g di burro
100 g di pancetta magra tagliata a dadini
2 bicchieri di albana o altro vino bianco secco
farina
1 l di brodo di carne già pronto
1 cucchiaino di concentrato di pomodoro

## Preparazione

Tritate tutti gli odori, metteteli in una casseruola con l'olio, il burro e la pancetta; rosolate per 5 minuti, quindi aggiungete la faraona, tagliata a piccoli pezzi e leggermente infarinata.
Non appena comincia a dorarsi, e facendo attenzione che non si attacchi, versate l'albana o altro vino bianco secco. Lasciate che evapori, quindi unite brodo e conserva, e cuocete a fuoco dolce per un'ora e mezza circa.

# Fagiano ubriaco

**Ingredienti**

1 fagiano
50 g di burro
2 bicchierini di gin
200 g di panna da cucina
12 bacche di ginepro
aromi (maggiorana, rosmarino, salvia)
1 busta di preparato granulare per gelatina
2 bicchierini di brandy
sale
pepe

**Preparazione**

Scaldate il burro in un'ampia padella mentre tagliate a pezzi il fagiano. Scottate i tocchetti di fagiano aggiungendo un bicchierino di gin, la panna, il ginepro e gli aromi; fate cuocere per 20 minuti a fuoco basso e coperto. Togliete e disossate il fagiano; tritate finemente i tocchetti e riuniteli, con l'aggiunta del restante bicchierino di gin, nella padella con il sugo precedentemente ottenuto.
A parte, preparate 1 litro di gelatina e, quando è tiepida, aggiungetevi il brandy. Regolate di sale e di pepe.
Foderate uno stampo con pellicola alimentare e riempitelo con il composto.
Per un effetto scenografico, portate in tavola con una decorazione in piume di fagiano.

# Pollo indù

## Ingredienti

1 pollo
1 cipolla
2 spicchi d'aglio
50 g di burro
3 foglie di alloro
2 cucchiai di curry in pasta o in polvere
1 pizzico di zenzero in polvere o grattugiato
1 pizzico di pepe nero
1 pizzico di macis in polvere
1 pizzico di cannella in polvere
1 pizzico di chiodi di garofano in polvere
250 g di yogurt bianco
1 dado per brodo
1 cucchiaio di maizena
3 cucchiai di latte
riso bollito o al vapore per servire

## Preparazione

Tagliate a pezzetti il pollo; frullate la cipolla insieme all'aglio; sciogliete in una padella il burro e unitevi il trito di cipolla e aglio, quindi, continuando a mescolare, le foglie d'alloro e tutte le spezie.
Dopo avere aggiunto lo yogurt, fate cuocere lentamente e insaporite con il dado.
A cottura ultimata, fate sciogliere la maizena nel latte

(o nella stessa dose di acqua tiepida) e unitela al pollo, facendo bollire un poco il tutto per addensare il sugo. Servite il pollo con riso semplicemente cotto al vapore, oppure ripassato in padella con olio, sedano e acqua. Altri condimenti di sicuro successo sono i dadini di peperone e cipolla crudi, l'uvetta rinvenuta in acqua, le mandorle scottate e tagliate a filetti o i pinoli.

# Pollastro alla ultrà

## Ingredienti

1 pollastro ruspante, meglio se prelevato di frodo in collina
400 g di ricotta salata
2 peperoni rossi e 2 gialli
1 cipolla dorata
4 peperoncini secchi
100 g di burro a pezzetti
sale
pepe

## Preparazione

Decapitate senza indugio l'animale, spennate e bruciacchiate la peluria residua a fuoco vivo, quindi amputate le zampe con la freddezza del cacciatore preistorico. (Non usate testa e zampe per scherzare scioccamente accennando a riti oscuri! Ricordate sempre, anzi, che essere superstiziosi è da ignoranti, ma non esserlo porta male). Ripulite il pollastro dalle interiora, date al gatto quelle sgradite e arrostite le altre, quindi frullatele con la ricotta, i peperoni, la cipolla e i peperoncini. Ottenuta una crema omogenea, farcite il pollastro, cospargetelo con il burro e mettetelo in una pirofila. Cuocete in forno preriscaldato a 220 °C per circa mezz'ora. Consigliati i contorni a base di legumi o insalata nella buona stagione.

# Coniglio di nonna Gemma

**Ingredienti**

1 coniglio
aglio
rosmarino
60 g di margarina
1/2 bicchiere di olio extravergine d'oliva
2 bicchieri di vino bianco secco
500 g di pomodori ciliegino
4 carciofi
1 limone
1 manciata di prezzemolo tritato
sale, pepe

**Preparazione**

Tagliate il coniglio in pezzi e sgrassatelo bene. Sistematelo in una casseruola e cospargetelo con un trito di aglio e rosmarino, quindi aggiungete la margarina, metà olio, sale e pepe.
Mettete la casseruola sul fuoco, e fate rosolare bene finché la carne non avrà perso tutta l'acqua, assumendo un bel colore dorato. Dovete girare il coniglio molto spesso, bagnandolo poco alla volta con il vino, quindi aggiungete i pomodori, tagliati a metà e privati dei semi.
A questo punto, versate un bicchiere di acqua calda, e fate sobbollire a fuoco dolce per un'ora. Alla fine togliete il coperchio, e lasciate che il coniglio si asciughi e rosoli per bene.

Nel frattempo, separate i gambi del carciofo dal fiore, e togliete molte foglie sino a che non resteranno solo quelle chiare e tenere; tagliate a metà i fiori di carciofo così ottenuti e, a mano a mano che sono puliti, metteteli a bagno in acqua acidulata con limone.
Dopo un quarto d'ora, scolateli, asciugateli e trasferiteli in una padella con il restante olio, sale, pepe, e uno spicchio d'aglio intero che verrà tolto dopo un po'.
Fate rosolare i carciofi, quindi aggiungete l'acqua sufficiente a cuocerli (un bicchiere circa per quattro carciofi).
Cinque minuti prima di toglierli dal fuoco, cospargeteli con il prezzemolo. Unite i carciofi al coniglio nella casseruola e servite subito.

# *Dolci*

# Torta di riso

**Ingredienti per 6-8 persone**

2 litri di latte
200 g di riso (meglio di tipo piccolo che scuoce)
600 g di zucchero più altro per spolverizzare
8 uova
200 g di mandorle tritate
2 mandorle amare tritate
la scorza grattugiata di 1 limone non trattato
150 g di cedro candito a dadini
10 amaretti
burro
2 cucchiai di pangrattato
1 bicchierino di alchermes

**Preparazione**

In una casseruola bollite il riso con il latte e lo zucchero finché non risulterà ben cotto.
Sbattete le uova e aggiungetele al composto di riso, non appena questo si sarà raffreddato. Unite quindi le mandorle, la scorza di limone grattugiata, il cedro candito e gli amaretti dopo averli finemente sbriciolati. Trasferite il tutto in una teglia unta di burro e spolverizzata con il pangrattato e infornate a 180 °C per almeno 30 minuti. Quando la torta è cotta e ancora calda, cospargetela abbondantemente di zucchero, quindi bagnatela con il liquore.

# Frittelle di castagne

**Ingredienti per 20 frittelle**

12 cucchiai di farina di castagne
1 bicchierino di brandy
1 bicchiere di acqua tiepida
2 manciate di uva passa
4 cucchiai di pinoli
olio per friggere
zucchero vanigliato
sale

**Preparazione**

Setacciate la farina di castagne e mettetela in una ciotola con un pizzico di sale, il brandy e l'acqua.
Mescolate bene, quindi unite l'uva passa rinvenuta in acqua e strizzata, e i pinoli, sino a ottenere una pastella che lascerete riposare per un'ora.
Scaldate in una padella abbondante olio per friggere, e versatevi l'impasto a cucchiaiate, premurandovi di girare le frittelle a metà cottura.
Asciugate le frittelle su carta da cucina e servitele calde cospargendole di zucchero vanigliato.

# Soufflé dolce alla Otello

**Ingredienti per 6-8 persone**

100 g di mandorle
1 l di latte tiepido
150 g di farina
100 g di burro più il necessario per lo stampo
200 g di zucchero vanigliato
5 tuorli e 5 albumi

**Preparazione**

Spellate le mandorle in acqua calda e pestatele finemente. A parte, in una casseruola preparate una besciamella con il latte, la farina e il burro. Prima di toglierla dal fuoco, aggiungete lo zucchero vanigliato e le mandorle ridotte in polvere.
Lasciate raffreddare e unite le uova: prima i tuorli e poi gli albumi montati a neve.
Versate il composto in uno stampo imburrato e infornate a temperatura moderata per 50 minuti.

# Semifreddo al mascarpone

**Ingredienti per 6-8 persone**

4 tuorli
150 g di zucchero vanigliato
500 g di mascarpone
24 savoiardi
2 bicchieri di alchermes
20 g di cacao in polvere
1 tazza di latte
1 cucchiaio di nocciole tritate

**Preparazione**

In una terrina lavorate i tuorli con lo zucchero vanigliato, aggiungete il mascarpone e mescolate delicatamente.
Rivestite uno stampo rettangolare con uno strato di savoiardi imbevuti nell'alchermes, e copriteli con uno strato di composto al mascarpone; ripetete l'operazione con un secondo strato di savoiardi e un altro di mascarpone. Mettete in frigorifero per almeno due ore.
In una casseruola mescolate un po' per volta il cacao con il latte, portate a ebollizione e con la cioccolata così ottenuta guarnite al momento di servire il semifreddo, cospargendolo di nocciole tritate finissime.

## Torta superba

**Ingredienti per 6-8 persone**

300 g di farina
100 g di burro fuso più il necessario per lo stampo
2 tuorli e 1 uovo intero
100 g di zucchero
50 g di cedro e arancia canditi
la scorza grattugiata di 1 limone non trattato
1 bustina di lievito vanigliato
100 g di marmellata d'arancia
zucchero vanigliato per decorare

**Preparazione**

In una terrina mescolate bene la farina con il burro e le uova.
Unite lo zucchero sciolto in mezzo bicchiere d'acqua tiepida, la frutta candita e la buccia di limone grattugiata, e lavorate il composto sino a ottenere un impasto morbido. Unite il lievito e versate il tutto in uno stampo imburrato.
Infornate a temperatura moderata per 40 minuti circa. Sfornate e raffreddate la torta, toglietela dallo stampo e tagliatela a metà orizzontalmente. Spalmate una metà con la marmellata d'arancia, e ponete sopra con cura l'altra metà. Prima di servire, spolverizzate con zucchero vanigliato.

*Cibo da strada*

# Crescente bolognese

**Ingredienti per 6-8 persone**

40 cl di acqua
25 g di lievito di birra fresco
30 g di zucchero
700 g di farina
400 g di ciccioli (oppure 200 g di mortadella, 100 g di prosciutto crudo e 100 g di salame)
100 g di strutto od olio extravergine d'oliva
sale

**Preparazione**

In una ciotola versate 35 cl d'acqua, e altri 5 in un bicchiere con il lievito e lo zucchero.
Versate la farina nell'acqua e cominciate a impastare, quindi unite il composto di lievito e zucchero. Sempre continuando a impastare, mettete un po' di sale, lo strutto (oppure l'olio) e i ciccioli, eventualmente sostituiti dal macinato di mortadella, salame e prosciutto.
Ungete una pentola di acciaio, versatevi l'impasto e fate lievitare (2 ore d'inverno, 1 ora nella bella stagione).
A lievitazione ultimata, stendete la pasta in una teglia da forno (in un unico foglio oppure, a piacimento, in dischi separati): la pasta dovrà essere alta un dito.
Per una cottura speciale, scaldate a 60 °C il forno mettendo al suo interno una pentola di acqua bollen-

te, e lasciate la teglia scoperta a lievitare ulteriormente 45 minuti nel vapore della pentola.
Quando la pasta avrà raddoppiato la sua altezza iniziale, togliete la pentola e alzate la temperatura del forno a 220 °C, quindi lasciate cuocere la crescente sino a che sarà ben dorata.
Appena sfornata, toglietela dalla teglia e raffreddatela dopo averla capovolta.
Deliziosa da sola, oppure farcita con formaggi e altri salumi.

# Crescentine fritte o gnocco fritto

**Ingredienti**

250 g di farina
1/2 bicchiere di latte
1/2 bicchiere d'acqua
12,5 g di lievito di birra fresco
25 g di strutto
olio per friggere
sale

**Preparazione**

In una ciotola setacciate la farina e mescolatela con un po' di sale.
A parte, preparate in una casseruola una miscela con il latte, l'acqua e il lievito; scaldatela leggermente e, quando è tiepida, unitela alla farina e aggiungete lo strutto.
Impastate il composto e, non appena è amalgamato, trasferitelo su un piano di lavoro, per lavorarlo prima con le mani, e poi con il matterello, sino a ottenere una sfoglia alta mezzo centimetro che va tagliata in losanghe con la *spronella* (la rotella tagliapasta).
Friggete le crescentine in abbondante olio. Quando saranno gonfie e color dell'oro da entrambi i lati, asciugatele e servitele calde con salumi, formaggi e sottaceti.

# Piadina

**Ingredienti**

500 g di farina
2 g di bicarbonato
80 g di strutto
1 bicchiere di acqua tiepida
sale

**Preparazione**

In una ciotola versate la farina e il bicarbonato, quindi unite lo strutto e l'acqua, nella quale avrete in precedenza sciolto un pizzico abbondante di sale.
Impastate il tutto per almeno dieci minuti, quindi infarinate una terrina e fatevi riposare l'impasto per 30 minuti coperto da un panno umido.
Trascorso questo tempo, dividete l'impasto in 4 parti e stendetele con il matterello infarinato formando altrettanti dischi (l'altezza di ogni disco varia a seconda del gusto e del ripieno prestabilito: si può stendere la pasta più alta, come la piada ravennate e forlivese, o più sottile, alla maniera di Rimini, in special modo se si pensa di consumarla arrotolata).
Fate scaldare una padella, meglio se di ghisa, oppure antiaderente, e cuocete le piadine da entrambi i lati, velocemente e a fuoco sostenuto. Durante la cottura, la piadina va bucherellata con una forchetta, ed eventuali bolle della pasta andranno schiacciate immediatamente con i rebbi.

A titolo di informazione, sono ammesse le varianti con il latte al posto dell'acqua, e con l'olio a sostituire lo strutto. Non omologata, ma praticata in segreto da molti fra le pareti domestiche, è l'aggiunta di un cucchiaio di zucchero, o miele, nell'impasto.

# Focaccia del marinaio

**Ingredienti**

500 g di farina
sale grosso
1 cucchiaino di zucchero
25 g di lievito di birra fresco
2-3 cucchiai di acqua tiepida
6 cucchiai di olio extravergine d'oliva
più il necessario per ungere la teglia

**Preparazione**

Versate in una ciotola la farina, un pizzico abbondante di sale e lo zucchero. Sbriciolate il lievito nell'acqua tiepida e unitelo al composto nella ciotola, che a questo punto va impastato con energia, incorporando via via 3-4 cucchiai d'olio.
Quando la pasta è morbida e ben amalgamata, lasciate riposare dieci minuti e stendetela con il matterello. Ponete la focaccia in una *ruola* (teglia rotonda) già unta, allargatela con le mani in modo che ne tocchi il bordo, e cospargetela con il restante olio misto ad acqua.
L'assenza di componenti animali nell'impasto ne garantisce la lunga durata, ragione del suo successo presso la marineria; sulla terraferma, tuttavia, questa mancanza può essere emendata tagliando la focaccia per farcirla con salumi o formaggi. A questo scopo, premuratevi che l'impasto non risulti troppo basso.

Da ultimo, lavorate la pasta scavando delle fossette con i polpastrelli sulla sua superficie.
Lasciate lievitare un'ora e mezzo d'inverno e 45 minuti nella bella stagione. Infornate a 200 °C per 10-15 minuti.

# Tigelle montanare

**Ingredienti**

500 g di farina
1 cucchiaio di zucchero
80 g di strutto più il necessario per lo stampo
25 g di lievito di birra fresco
2 bicchieri di acqua tiepida
sale

**Preparazione**

In una ciotola mettete il lievito di birra sbriciolato, lo zucchero e un bicchiere di acqua tiepida; mescolate fino allo scioglimento del lievito e lasciate riposare.
In una terrina versate la farina, unitevi il composto di lievito, lo strutto e il secondo bicchiere di acqua tiepida, dentro la quale avrete fatto sciogliere un pizzico di sale. Impastate con energia, e lasciate lievitare al coperto in un contenitore infarinato. Dopo un'ora, stendete l'impasto lievitato con il matterello; ricavate dalla sfoglia dei dischi di circa quattro dita di diametro, e cuoceteli nell'apposito ferro per tigelle unto con strutto. In alternativa, l'operazione può essere compiuta in una comune padella antiaderente; in entrambi i casi, le tigelle vanno girate sovente e servite calde, pronte per essere tagliate a metà e farcite ancora calde con la *cunza* (il "pesto modenese" a base di lardo, pancetta, aglio e rosmarino), salumi affettati oppure formaggio.

# Elenco delle ricette

# Indice

Finito di stampare nel mese di aprile 2013
presso Elcograf S.p.A., stabilimento di Cles (Trento)
Stampato in Italia – Printed in Italy